AF275072

Disfrute gratuitamente **DURANTE UN AÑO** de los eBook y audiolibros de las obras de Editorial Colex*

- Acceda a la página web de la editorial **www.colex.es**

- Identifíquese con su usuario y contraseña. En caso de no disponer de una cuenta regístrese.

- Acceda en el menú de usuario a la pestaña «Mis códigos» e introduzca el que aparece a continuación:

RASCAR PARA VISUALIZAR EL CÓDIGO

Correos de la droga: Un análisis de los principales aspectos victimológicos, sociales y penales de la pobreza como estado de necesidad

- Una vez se valide el código, aparecerá una ventana de confirmación y su eBook y audiolibro estará disponible **durante 1 año desde su activación** en la pestaña «Mis libros» en el menú de usuario.

* Los audiolibros están disponibles en las ediciones más recientes de nuestras obras. Se excluyen expresamente las colecciones «Códigos comentados», «Biblioteca digital» y los productos de www.vademecumlegal.es.

¡Gracias por confiar en Nosotros!

La obra que acaba de adquirir incluye de forma gratuita la versión electrónica.

Acceda a nuestra página web para aprovechar todas las funcionalidades de las que dispone en nuestro lector.

Funcionalidades eBook

Acceso desde cualquier dispositivo con conexión a internet

Idéntica visualización a la edición de papel

Navegación intuitiva

Tamaño del texto adaptable

Síguenos en:

A Virginia, por iluminarme el camino siempre.

Agradecimientos

*A mis padres, por su apoyo incansable
e incondicional.*

CORREOS DE LA DROGA:

UN ANÁLISIS DE LOS PRINCIPALES ASPECTOS VICTIMOLÓGICOS, SOCIALES Y PENALES DE LA POBREZA COMO ESTADO DE NECESIDAD

© Mercedes Barragán López

© Editorial Colex, S.L.
Calle Costa Rica, número 5, 3.º B (local comercial)
A Coruña, C.P. 15004
info@colex.es
www.colex.es

I.S.B.N.: 978-84-1194-863-0
Depósito legal: C 76-2025

CORREOS DE LA DROGA:

UN ANÁLISIS DE LOS PRINCIPALES ASPECTOS VICTIMOLÓGICOS, SOCIALES Y PENALES DE LA POBREZA COMO ESTADO DE NECESIDAD

Mercedes Barragán López

Doctora en Derecho por la Universidad de Sevilla

COLEX 2025

Sumario

CAPÍTULO II
EL DELITO CONTRA LA SALUD PÚBLICA

CAPÍTULO III
LA POBREZA COMO ESTADO DE NECESIDAD

CAPÍTULO IV
CUESTIONES PROBATORIAS Y ANÁLISIS DEL CASO

ABREVIATURAS

AP	Audiencia Provincial
CDFUE	Carta de los Derechos Fundamentales de La Unión Europea
CE	Constitución Española
CIDH	Corte Interamericana de Derechos Humanos
DDHH	Derechos Humanos
DUDH	Declaración Universal de los Derechos Humanos
LPBC	Ley de Prevención del Blanqueo de Capitales
LSC	Ley de Seguridad Ciudadana
ODS	Objetivos de Desarrollo Sostenible
OMS	Organización Mundial de la Salud
PIDCP	Pacto Internacional de Derechos Civiles y Políticos.
RAE	Real Academia Española
TC	Tribunal Constitucional
TEDH	Tribunal Europeo de Derechos Humanos
TS	Tribunal Supremo
UE	Unión Europea

PRÓLOGO

«Entonces mire los detalles específicos de la situación.
Pregúntese a sí mismo: "¿Hay algo que pueda hacer para
cambiar la situación, mejorarla o apartarme de ella?".
Si es así, actúe apropiadamente. No se concentre en las
cien cosas que hará o podría hacer en el futuro
sino en la única que puede hacer ahora».

Eckhart Tolle

La pobreza lleva a una persona a la necesidad. A la necesidad de buscar la luz, la salida y el desahogo en tanto que la falta de recursos, el vacío sentido ante la desesperanza, y, sobre todo, la falta de ayuda, compasión y humanidad, lleva a una persona a buscar una solución. El camino hacia la puerta tiene muchas formas, las cuales dependen de las circunstancias y el contexto de una persona. En el caso de los correos de la droga, mal denominados «mulas», tienen un contexto socioeconómico que las empuja a las drogas, en muchas ocasiones, como última y única opción a pesar de que ello suponga contravenir la ley.

A pesar de realizar una conducta delictiva de tráfico de drogas, la situación personal que envuelve a estas personas es en general insatisfactoria, desagradable y de desasosiego. Esto es lo que evidencia la necesidad, por lo que a veces la conducta criminal puede ser explicada con base en ello, que no quiere decir justificada a nivel de actuación, pero quizás sí a nivel penal. Por ello, las personas que incluso ponen en riesgo su salud y su vida con la ingesta de cápsulas cuyo contenido es droga, son víctimas que ante un abatimiento y una urgencia por cubrir las necesidades vitales se ven abocadas al traslado de drogas.

Bien es sabido que, en las organizaciones criminales dedicadas al tráfico de drogas, los correos de la droga son la punta del *iceberg*, pero, sobre todo, el último eslabón de aquella. En el tema objeto de esta obra, pobreza, vulnerabilidad social, victimidad y necesidad van de la mano, y se analizará como la causa de la criminalidad de los correos de la droga. Como consecuencia de ello, tener presente la criminalización de dichas personas con la condena de las mismas a través de penas exacerbadas que se imponen.

Ante ello, se puede traer a colación la frase atribuida a Galeano, que expone Juan Terradillos Basoco, en su obra «Aporofobia y plutofilia. La deriva jánica de la política criminal contemporánea»: «La justicia, como la serpiente, solo muerde a los descalzos». En este caso, hace referencia a que la Ley, el Derecho penal, solo «muerde», castiga, a las personas pobres y, por ende, vulnerables. Esto se observa en las penas desproporcionadas que se imponen, castigando a las personas más débiles de las organizaciones dedicadas al tráfico de droga, sin la imposición de la eximente de necesidad prevista en el art. 20 del Código Penal español.

El planteamiento anterior pone de relieve la complicidad del sistema penal con la persecución del pobre, el desamparado y el marginado que, además de carecer de recursos económicos, también adolece de una falta latente de ayuda institucional.

Además de ello, el olvido institucional evidencia la base aporófoba que puede tener dicha realidad, es decir, la aporofobia, término que se analizará en este estudio y que alude, según el diccionario de la Real Academia Española, en adelante RAE, a la «fobia a las personas pobres o desfavorecidas».

En esta investigación se pretende poner de relieve la existencia de una problemática que, al traspasar fronteras, dificulta la visibilización de la pobreza y marginalidad de aquellas personas que trasladan drogas a otro país para poder cubrir, en muchas ocasiones, sus necesidades más básicas. De este modo, son dos realidades las que excluyen y extirpan de su ciudadanía a víctimas sociales que no encuentran una mano amiga en el sistema penal a pesar de delinquir ante una necesidad evidente, pues, ¿acaso no hay que sentirse muy necesitado y desesperado para poner en riesgo su salud, vida y/o libertad?; ¿una persona por mero afán económico ingeriría cápsulas con droga que posteriormente tiene que expulsar?; ¿acaso una persona sin ahogo económico cruzaría un océano, arriesgando su vida, para recibir poco más de mil euros?; ¿quizás el pobre no valora su existencia? El sentido común podría poner de manifiesto que la necesidad es la única razón por la que una persona arriesgaría lo poco que tiene o, mejor dicho, lo más valioso que tiene una persona, que es su vida y su libertad.

En las páginas que siguen se hace un análisis de la coyuntura de los correos de la droga, la motivación principal de su conducta delictiva, sus necesidades y dolencias, así como propuestas aplicativas del Código penal de manera correcta, ante una labor de investigación de las causas, para poner sobre la mesa el fundamento de la protección de la persona pobre que actúa como correo de la droga. Además, se establecen diversas propuestas de protección de dichas víctimas sociales.

INTRODUCCIÓN

«Al río que todo lo oprime lo llaman violento,
pero nadie llama violento al lecho que lo oprime».

Bertolt Brecht

I.- Punto de partida

A pesar de las infinitas ventajas que ha traído consigo la globalización también ha traído consecuencias negativas como la adopción de nuevas estrategias de las organizaciones criminales para evitar ser detenidos por la autoridad, a través de la instrumentalización de terceras personas de especial vulnerabilidad para el transporte internacional de drogas.

En este trabajo se toma la desigualdad social, la pobreza y la vulnerabilidad social como punto de partida, en tanto que se trata de aspectos que ya de por sí victimizan a la persona y conlleva la imposibilidad de conseguir un desarrollo integral y efectivo del sujeto, puesto que no es posible cubrir las necesidades más básicas ni formar parte de la sociedad de una manera igualitaria. La pobreza tiene una relación directa con el tráfico de drogas en algunas situaciones, como es el caso de los correos de la droga, que serán analizados en esta investigación.

Los correos de la droga constituyen un fenómeno global que afecta principalmente a mujeres, cuya vulnerabilidad, situación socioeconómica y ubicación geográfica, las convierte en «blanco de diana» para ser reclutadas por organizaciones dedicadas al tráfico de drogas.

La magnitud de la problemática se observa en la afirmación de que se han convertido en unos de los métodos más usados para el transporte y tráfico de drogas, a través del cual se utilizan a personas que acceden a dicha actuación de manera voluntaria en la mayoría de los casos, pero casi siempre por motivos de precariedad y necesidad, pero incluso, por amenazas.

Se pueden encontrar diferentes modalidades de actuación de los correos de la droga para transportar las sustancias y no ser detenidas por los Cuerpos y Fuerzas de Seguridad del Estado en los controles aeroportuarios. No obstante, una de las principales modalidades es la ingesta de la droga, la cual se almacena en unas cápsulas que son transportadas en el organismo y, por supuesto, conllevan un riesgo para la salud y para la vida, en tanto que aquellas pueden abrirse en su organismo. También existen otras modalidades que serán analizadas en el apartado correspondiente de este trabajo de investigación.

II.- Hipótesis de la investigación

A pesar de la previsión por parte del legislador penal de una eximente de estado de necesidad, no siempre es fácil la aplicación de dicha circunstancia de modificación de la responsabilidad penal, puesto que colisionan dos bienes jurídicos protegidos de difícil delimitación. Asimismo, no se realiza un análisis probado de la situación socioeconómica de las personas que ejercen como correos de la droga. Por ello, son muchas los ámbitos que deben analizarse para conseguir una correcta aplicación de la eximente mencionada, u otras alternativas legales, y así conseguir la protección efectiva de las personas pobres y vulnerables que, ante una necesidad extrema, llegan incluso a poner en riesgo su salud, vida y libertad.

Con la finalidad de llevar a cabo un estudio integrado de las dimensiones penales, sociales y victimológicas que envuelven a los correos de la droga, en el cuerpo de este trabajo de investigación, se abordarán las siguientes hipótesis relacionadas con los correos de la droga:

1. Como punto de partida se realiza un análisis terminológico para partir de un correcto uso terminológico que no estigmatice a las personas que trasladan drogas de un país a otro por necesidad.

2. Para ser conocedor de la realidad internacional del tráfico de drogas, se analiza el caso colombiano y el caso ecuatoriano, los cuales difieren del español debido a las diferencias socioeconómicas de cada país.

3. Se aborda la pobreza, vulnerabilidad y exclusión social de las personas que ejercen como correos de la droga, para comprender las causas y alcanzar posibles soluciones al problema objeto de estudio en este trabajo de investigación.

4. Se ofrece un estudio de la eximente de estado de necesidad para conseguir su correcta eficacia aplicativa en el caso de los correos de la droga y, además, se aborda de una forma explicativa el delito contra la salud pública en el código penal español.

5. Se analiza la posible aplicación de la atenuante de la pena natural como fórmula alternativa a la imposibilidad de aplicar la eximente de estado de necesidad prevista en el art. 20 del CP.

6. Se desarrolla un análisis jurisprudencial para conocer la realidad jurisprudencial actual en el caso de los correos de la droga en España.

7. Por último, a lo largo del capitulado de este trabajo de investigación, además de los análisis incluidos en los párrafos precedentes, se desarrollarán diversas propuestas y soluciones que den respuesta a todos los interrogantes que se plantearán en las páginas siguientes.

El Derecho penal, partiendo de la igualdad constitucional y la necesidad de perseguir la convivencia pacífica en sociedad, debe garantizar la protección integral y el desarrollo efectivo de todas las personas, haciendo esfuerzos especiales en las personas pobres y más vulnerables socialmente, puesto que, en una situación de necesidad extrema, necesitarán una ayuda especial que abarque también una protección penal. Todo ello, porque a pesar de la existencia de cauces penales tendentes a dar cobertura a estas situaciones, todavía queda mucho camino por recorrer para que la protección sea integral y efectiva.

III.- Objetivos

El objetivo general de esta investigación es el siguiente:

– Realizar un análisis de los principales aspectos victimológicos, sociales y penales de la pobreza como estado de necesidad en relación con los correos de la droga.

Los objetivos específicos son los siguientes:

- Explicar la terminología de los correos de la droga, para hacer un uso correcto y evitar estigmatizaciones y nuevas victimizaciones, así como su perfil delictivo y sus principales causas.

- Realizar un análisis de la problemática objeto de esta investigación mediante la explicación del caso colombiano y del caso ecuatoriano.

- Analizar el delito contra la salud pública (tráfico de drogas).

- Estudiar los rasgos principales de la pobreza como circunstancia modificativa de la responsabilidad criminal en tanto posible eximente por estado de necesidad.

- Estudiar la aporofobia como forma de discriminación incorporada al Código penal.

- Realizar un estudio jurisprudencial para conocer las principales vías de actuación por parte de los tribunales españoles ante los correos de la droga que provienen de otros países suministradores de drogas.

Por tanto, en este trabajo se realiza un análisis exhaustivo de las principales dimensiones victimológicas y penales de los correos de la droga y se pretende encontrar sus principales causas y alcanzar posibles soluciones.

IV.- Metodología

Para la realización de este estudio se han llevado a cabo diversas metodologías de investigación, de forma que se han adquirido conocimientos victimológicos y penales sobre la problemática de los correos de la droga que han posibilitado el alcance de determinadas conclusiones que serán expuestas al final de esta obra.

En primer lugar, se ha utilizado el método de investigación bibliográfica, para lo cual se ha comenzado con una revisión bibliográfica que ha conformado la etapa inicial de la realización de este estudio, pues su finalidad principal ha sido el desarrollo de un marco teórico y normativo previo sobre el que comenzar a construir los resultados de investigación.

Esta etapa de recopilación y revisión bibliográfica se ha dividido en varias etapas diferenciadas:

1. Tras una labor de investigación previa, se ha definido el problema a tratar en el desarrollo de este trabajo de investigación.

2. Se ha procedido a una recopilación y revisión bibliográfica tendente a delimitar los diferentes temas a analizar que afectan al tema objeto de estudio. Para ello, se han consultado artículos, monografías, manuales, noticias de prensa, enlaces webs y normativas.

3. Se ha organizado de manera sistemática toda la información hallada, haciendo uso de una hoja Excel que ha hecho posible la estructuración y organización del material consultado.

4. Se ha procedido a analizar toda la información obtenida en la labor de recopilación bibliográfica, indagando sobre lo investigado previamente por otros autores, profundizando en los conocimientos ya adquiridos, así como luchando por el avance de la Victimología, el Derecho Penal y, por ende, de la sociedad.

En segundo lugar, para la ampliación de conocimientos sobre el tema objeto de este estudio, se ha asistido y participado en congresos nacionales e internacionales y se ha realizado una estancia de investigación en Medellín (Colombia), en la Universidad Pontificia Bolivariana.

Por último, se ha procedido a aunar toda la información recabada y realizar el análisis de las dimensiones victimológicas y penales de los correos de la droga, además de exponer las principales conclusiones alcanzadas.

V.- Justificación

Trayendo a colación una frase de Miguel de Cervantes: «Dos linajes sólo hay en el mundo: como decía una abuela mía, que son el tener y el no tener, aunque ella al de tener se atenía», se puede entrever que ante una situación de buenaventura económica, se encuentra una menor dificultad para cubrir las necesidades más básicas, conseguir un desarrollo real, integral y efectivo de la persona y poder vivir en libertad como parte de la sociedad.

Indudablemente la pobreza, la vulnerabilidad social y la desigualdad económica hacen que la persona viva en la marginalidad, en el olvido e incluso en la invisibilidad o, aún peor, rechazada por parte de la sociedad y por las propias instituciones que no otorgan unas políticas sociales reales y efectivas para erradicar la pobreza o, al menos, disminuirla en los casos más dramáticos.

La necesidad extrema hace buscar soluciones rápidas por parte de la propia víctima, pues no se puede olvidar que la propia pobreza ya de por sí convierte a la persona en una víctima social. Lo primero que debe hacer una persona necesitada es buscar una solución por parte de la instituciones u organizaciones que ayudan a estos colectivos. No obstante, en muchas ocasiones por una necesidad extrema las personas pobres se ven abocadas a actuar de una manera ilícita, lo cual no se justifica pero sí se explica o ¿acaso cualquier persona no buscaría una solución a sus problemas de necesidad cuando no hay una mano amiga que la ayude?

Como punto de partida en este trabajo, se comenzará con el análisis terminológico y geográfico de los correos de la droga, además de un estudio de su perfil delictivo, para poner al lector en contexto de lo que se analizará en los capítulos siguientes. Después se realizará un estudio del delito contra la salud pública para comprender el tráfico de drogas; se analizará la pobreza como estado de necesidad; se expondrán cuestiones probatorias que pueden surgir entorno a la problemática objeto de este estudio; y se realizará un estudio jurisprudencial. Por último, se expondrán las conclusiones alcanzadas con la realización de esta investigación, para así, poder reflexionar sobre los correos de la droga, comprender sus causas y posibles soluciones penales.

CAPÍTULO I
LOS CORREOS DE LA DROGA

«He querido que estos personajes sean oscuros; que nada los haya predispuesto para algún brillo; que no estén dotados de ninguna de esas grandezas que se establecen y se reconocen: las del nacimiento, de la fortuna, de la santidad, del heroísmo o del genio; que pertenezcan a esos miles de existencias que están destinadas a pasar sin dejar huella; que haya en sus desgracias, en sus pasiones, en sus amores, y en sus odios algo de gris y de ordinario para la mirada de lo que se se estima digno de ser contado».

Foucault, 1994:12-29.

I.- Análisis terminológico

Los correos de la droga son aquellas personas que transportan droga, habitualmente cocaína, desde países como Colombia, incluso en su aparato digestivo[1], o también mediante otras modalidades tales como la de «introducidos» o «adheridos», introduciéndolas así en España y, todo ello, «sin tener mayor implicación en la actividad del tráfico, ni antes ni después del transporte»[2]. Asimismo, son conocidas vulgarmente como «burreras» o «vagineras»[3], «envases humanos

---

1   CIGÜELA SOLA, J., *Crimen y castigo del excluido social. Sobre la ilegitimidad política de la pena,* Tirant lo Blanch, Valencia, 2019, p. 313.

2   *Ibidem.*

3   TORRES ANGARITA, A., *Drogas, cárcel y género en Ecuador: la experien-*

del narcotráfico» o mulas[4], siendo este último el más conocido. También son llamadas «pasantes de drogas ilícitas»[5] o «correos humanos»[6]. Esta variedad terminológica refleja la multiplicidad de estereotipos y cargas ideológicas alrededor del fenómeno de los correos de la droga[7].

Ante toda la variedad terminológica que se puede encontrar en los textos y en el lenguaje de la sociedad, deviene indispensable exponer la importancia del uso del término correcto para evitar cualquier connotación negativa.

Así, la palabra «mula» debe ser evitada por el carácter peyorativo de la misma, aunque si bien es cierto que algunos autores manifiestan que al menos delimita y especifica que se trata de una persona que únicamente porta drogas que pertenecen a una tercera persona, es decir, que no se trata de drogas para sí mismas[8]. En cuanto a la etimología, por un lado, dicho

---

cia de mujeres «mulas», Abya Yala, 2012, p. 14.

4   EPE, [6 de junio de 2024] https://www.epe.es/es/reportajes/20230703/mulas-envases-humanos-narcotrafico-revienta-droga-89356935

5   BENÍTEZ, G., SANTACRUZ OSPINA M.F., CUADROS VELOZA, L.W., GUERRERO CASTRO, J., ARANDIA GAITÁN, M., y DÍAZ CÁRDENAS, J.D., «Voces actuales en el fenómeno de pasantes de drogas ilícitas en Colombia», en *Revista Criminalidad,* Vol. 59, Núm. 3, Bogotá, 2017, p.125.

6   HERRERA JARA, L.E., «Correos humanos: víctimas o partícipes», en *Revista Cathedra,* núm. 15, 2021, p. 26.

7   BENÍTEZ, G., SANTACRUZ OSPINA M.F., CUADROS VELOZA, L.W., GUERRERO CASTRO, J., ARANDIA GAITÁN, M., y DÍAZ CÁRDENAS, J.D., «Voces actuales...», *op. cit.,* pp. 127 y 128.

8   Al respecto, *vid.,* HERRERA JARA, L.E., «Correos humanos...», *op. cit.,* p. 28: «El narcotráfico se constituye en uno de los principales flagelos donde la necesidad de las personas, el engaño, manipulación y astucia, ha conllevado para que algunos ciudadanos sean cargados o puestos como delincuentes que llevan droga pero que no son los protagonistas de los ilícitos, sino las víctimas de un montaje siniestro y vil, donde les colocan la droga o les realizan el "cambiazo" para luego

vocablo, proviene del latín y alude a los descendientes de dos especies equinas diferentes y se trata de un animal estéril, es por ello que se hace el símil con los correos de la droga en tanto que el precitado animal ha sido utilizado históricamente para el transporte de diferentes productos del campo[9]. Por otro lado, el diccionario de la RAE, define la palabra «mula», en su cuarta acepción, como «contrabandista de drogas en pequeñas cantidades»[10].

En relación con la función desempeñada por los correos de la droga, cabe destacar que son aquellas personas que «trasladan estupefacientes adheridos, ingeridos o introducidos en maletas de doble fondo, o en mercancías, o en tejido muscular». Por todo ello, constituyen unos actores sociales que transportan una droga que no les pertenece, puesto que solo se trata de personas subordinadas en la red de tráfico que, además, han sido capturadas por una organización[11].

Para evitar el estigma y ser consciente de la vulnerabilidad social, algunos autores definen a los correos de la droga como «personas que están vinculadas y son utilizadas por organizaciones criminales dedicadas al microtráfico de estupefacientes, en las que ocupan un rol periférico, las cuales usan diferentes modalidades de transporte para llevar estupefacientes u otras sus-

---

ser conducidos como los peores delincuentes que existen en la sociedad... Son seres humanos, hombres y mujeres que están privados y privadas de la libertad, purgando penas de prisión».

9   BENÍTEZ, G., SANTACRUZ OSPINA M.F., CUADROS VELOZA, L.W., GUERRERO CASTRO, J., ARANDIA GAITÁN, M., y DÍAZ CÁRDENAS, J.D., «Voces actuales...», *op. cit.*, p. 128.

10   RAE, [5 de junio de 2024] https://dle.rae.es/mulo

11   BENÍTEZ, G., SANTACRUZ OSPINA M.F., CUADROS VELOZA, L.W., GUERRERO CASTRO, J., ARANDIA GAITÁN, M., y DÍAZ CÁRDENAS, J.D., «Voces actuales...», *op. cit.*, p. 128.

tancias ilegales, que les pertenecen a una organización y no al sujeto que las transporta, e inscriben sus prácticas en narrativas que les permiten disolver el binario legalidad/ilegalidad»[12].

En este trabajo se opta por la utilización de la terminología «correos de la droga» para evitar una mayor estigmatización con la errónea nomenclatura de «mulas», puesto que la misma engloba una simbología que deshumaniza a la persona y aleja de la verdadera victimización que conlleva el transporte de drogas de un lugar a otro por un estado de necesidad, ante la dificultad de encontrar otras vías alternativas de carácter lícito.

Una vez explicada la importancia de hacer un uso correcto de la terminología para dirigirse hacia los correos de la droga, así como tras entender que en la mayoría de los casos se trata de víctimas sociales, es necesario establecer el enfoque centrado en la víctima al analizar el tema objeto de este trabajo. Para ello, hay que tener en cuenta que «el enfoque centrado en la víctima da la máxima prioridad a los derechos y la dignidad de las víctimas, así como a su bienestar y seguridad»[13].

II.- Análisis geográfico

En este apartado se hará un análisis geográfico de los correos de la droga, haciendo un especial hincapié en el caso colombiano y ecuatoriano, con el objetivo de tener un conocimiento más exhaustivo de esta forma de criminalidad, así como de la realidad socioeconómica que la

---

12 *Ibidem,* p. 37.

13 NACIONES UNIDAS, [5 de junio de 2024] https://www.un.org/es/victims-rights-first

envuelve y, por supuesto, de sus posibles causas explicativas y no justificantes de aquella.

1. El caso de Colombia

Atendiendo a la situación de Colombia en relación con la necesidad, la precariedad, la desigualdad y la situación relativa a las drogas, se pueden traer a colación algunos casos de correos de la droga que fueron detenidos en España.

La sentencia dictada por la AP de Madrid del 2 de febrero de 2001 presenta los siguientes hechos probados:

«Sobre las 12,15 h del día 27 Jun. 2000, el procesado Julián de Jesús A. Z., mayor de edad y sin antecedentes penales, llegó al aeropuerto de Madrid-Barajas en un vuelo de la Cía. Avianca núm. AV 010 procedente de Bogotá (Colombia), siendo detenido por la Guardia Civil en el control de aduanas, cuando trataba de introducir en el país 101 bolas que llevaba en el interior de su organismo, conteniendo un total de 672 g netos de cocaína, con una riqueza del 63 %, que debía entregar a una persona no identificada por lo que recibiría 4.000 dólares U.S.A., cantidad a la que correspondían los 1871 dólares que le fueron intervenidos, de los cuales 300 dólares son falsos. El valor de la droga intervenida en el mercado ilegal asciende a 7.312.579 ptas».

Y falla en los siguientes términos:

«Que debemos CONDENAR y CONDENAMOS al procesado JULIÁN DE JESÚS A. Z. como responsable en concepto de autor de un delito contra la salud pública, ya definido, sin la concurrencia de circunstancias modificativas de la responsabilidad criminal, a las penas de nueve años de prisión, con la accesoria de inhabilitación especial para el ejercicio del derecho de sufragio pasivo durante la condena, y multa de siete millones trescientas doce mil quinientas setenta y nueve pesetas (7.312.579 ptas.), y al pago de las costas procesales. Se decreta el comiso de la droga y dinero intervenidos. Para el cumplimiento de la pena impuesta se le abonará el tiempo de prisión provisional sufrida por esta causa si no se le hubiere aplicado a otra. Y recábese del Instructor la pieza de responsabilidad civil conclusa conforme a derecho».

Se trata de los hechos probados de un caso de correos de la droga que trasladan drogas desde Colombia hasta España y el sujeto activo es detenido en el aeropuerto de Madrid. En este caso, se destaca que no se aplica una circunstancia modificativa de la responsabilidad criminal, aunque si bien es cierto que para su aplicación será ineludiblemente necesaria su prueba, pero no se puede olvidar la dificultad que conlleva por diversas circunstancias que serán explicadas en el apartado correspondiente.

Hay estudios que afirman que, en Colombia, se detienen un promedio de 418 correos de la droga al año que, dividiéndolo entre los 365 días del año, se puede concluir que se trata de 1,1 caso diario[14].

Como se ha expuesto con anterioridad, existen diversas modalidades para el traslado de la droga, siendo la de equipaje la más común, seguida por la de ingeridos, lo cual se puede observar en la gráfica siguiente[15]:

---

14   Benítez, G., Santacruz Ospina M.F., Cuadros Veloza, L.W., Guerrero Castro, J., Arandia Gaitán, M., y Díaz Cárdenas, J.D., «Voces actuales...», *op. cit.*, p. 129.

15   *Ibidem.*

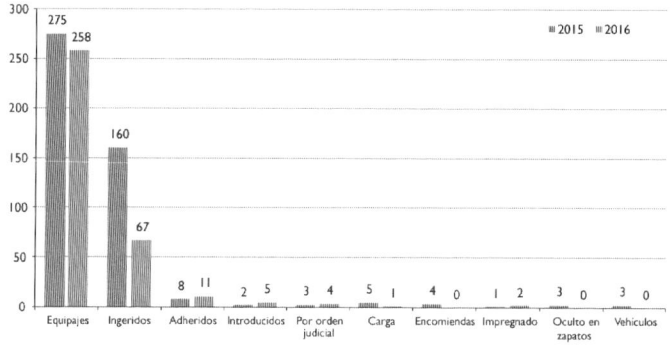

Figura 1: Modalidades de tráfico en aeropuertos de Colombia. Fuente: BENÍTEZ, G., SANTACRUZ OSPINA M.F., CUADROS VELOZA, L.W., GUERRERO CASTRO, J., ARANDIA GAITÁN, M., y DÍAZ CÁRDENAS, J.D., «Voces actuales…», *op. cit.,* p. 129

Como se puede observar en la figura anterior, se pueden diferenciar diversas modalidades, unas más utilizadas que otras. La modalidad de la ingesta es la que conlleva mayor peligrosidad y riesgo para la salud y la vida, ya que consiste en la ingesta de cápsulas que contienen la droga que se quiere trasladar a otro país, pero la posibilidad de que se abran y se esparzan en el organismo puede llegar a tener como consecuencia la muerte del correo de la droga[16].

La modalidad de introducidos también es muy común para el transporte de drogas, que supone la introducción en los orificios naturales del cuerpo, principalmente las mujeres[17], la cual conlleva menos riesgo para la vida que la mencionada en el párrafo precedente. Además del método de adheridos a través

---

16 HERRERA JARA, L.E., «Correos humano…», op. cit., pp. 29 y 30.

17 LA VOZ, [5 de agosto de 2024] https://www.lavoz.com.ar/sucesos/mula-el-ultimo-eslabon-narco/: «La utilización de mujeres como "mulas" parece ser una modalidad extendida en el organigrama narco».

del cual se adhiere la droga al cuerpo que conlleva una mayor probabilidad de ser descubiertos, se puede mencionar la modalidad del engaño[18].

Con el método del engaño la víctima es seleccionada tras haber un acercamiento y una confianza generada con la intención de engañarla para que haga un viaje y transporte droga. Por supuesto, la víctima no es consciente que está transportando una sustancia ilegal, puesto que ha sido engañada y piensa que transporta algo que es legal[19].

Ante todo ello, es necesario acudir al CP Colombiano puesto que, por supuesto, se tipifica el tráfico de drogas. Concretamente el art. 376 dispone lo siguiente:

> «El que sin permiso de autoridad competente, introduzca al país, así sea en tránsito o saque de él, transporte, lleve consigo, almacene, conserve, elabore, venda, ofrezca, adquiera, financie o suministre a cualquier título sustancia estupefaciente, psicotrópica o drogas sintéticas que se encuentren contempladas en los cuadros uno, dos, tres y cuatro del Convenio de las Naciones Unidas sobre sustancias psicotrópicas, incurrirá en prisión de ciento veintiocho (128) a trescientos sesenta (360) meses y multa de mil trescientos treinta u cuatro (1.334) a cincuenta mil (50.000) salarios mínimos legales mensuales vigentes».

Es por ello que, teniendo en cuenta la realidad entorno al narcotráfico del país, las autoridades están en constante análisis y estudio del perfil de los correos de la droga para detenerlos en los aeropuertos con mayor éxito. No obstante, a pesar de dichos esfuer-

---

18   Herrera Jara, L.E., «Correos humanos...», *op. cit.*, pp. 29 y 30.

19   *Ibidem.*

zos, siguen consiguiendo el paso más correos de la droga que los que son detenidos[20].

Para combatir esta problemática se ha diseñado en Colombia una serie de preguntas tendentes a identificar a estas personas[21]:

- «¿Cuál es el contenido de su equipaje?
- ¿Cuál es el motivo de su viaje?
- ¿Cuándo y dónde compró el pasaje?
- ¿Dónde se va a hospedar?
- ¿Qué actividad va a realizar?».

Sin embargo, a pesar de toda la realidad expuesta y, relacionando la problemática de los correos de la droga en Colombia, deviene indispensable buscar sus causas para la comprensión de aquella. Ante ello, y teniendo presente todo lo analizado en los apartados correspondientes a la pobreza, la exclusión social y la desigualdad social, hay que traer a colación la realidad socioeconómica de Colombia.

En cada país existen unas circunstancias económicas y sociales específicas que, además, influyen en la situación de exclusión de una persona. Ciertos barrios y determinadas circunstancias sociales pasan a formar la periferia de una ciudad y, es por ello que se quedan en los márgenes de la misma y, por ende, de la sociedad[22].

---

20   *Ibidem.*

21   *Ibidem.*

22   Pastor Seller, E., «Participación en contextos de indignación y exclusión social», en *I Congreso internacional de intervención psicosocial, arte social y arteterapia,* 2020, pp. 5 y 6.

Se pueden diferenciar diversos factores de exclusión y segregación de aquellas zonas más desfavorecidas de un territorio[23]:

- «Factores de carácter físico-urbano. Barrios periféricos o en cascos antiguos. En el caso de la periferia se vincula a la sensación de lejanía y de estar fuera, a la vez que depende de la capacidad de movilidad para el acceso a todos aquellos recursos no contenidos en el barrio.

- Factores asociados a las actividades económicas. Barrios concebidos como residenciales, donde apenas existe espacio para la ubicación de actividades económicas y la existencia de esta se hace de difícil compatibilidad con el carácter exclusivo residencial.

- Factores de carácter social. Desequilibrios demográficos, movimientos migratorios, cohabitación de grupos tendentes a la endogamia, etc.».

En definitiva, se evidencia que son muchas las circunstancias personales de pobreza y necesidad las que se encuentran en muchos correos de la droga que llegan a España para traer drogas.

Todos estos factores se pueden encontrar en muchas zonas de Colombia las cuales conllevan a empobrecer a sus vecinos. Es por ello que el estudio de la problemática de los correos de la droga debe tener en cuenta todos los factores mencionados.

---

23   *Ibidem.*

2. El caso de Ecuador

El art. 24 del CP Ecuatoriano dispone que «no se impondrá ninguna pena al que, en la necesidad de evitar un mal, ejecuta un acto que produzca daño en la propiedad ajena, siempre que sea real el mal que se haya querido evitar, que sea mayor que el causado para prevenirlo, y que no haya habido otro medio practicable y menos perjudicial para impedirlo».

Con la redacción de dicho precepto penal se observa que el legislador penal ecuatoriano señala el estado de necesidad como una causa de justificación, de forma que no se castiga con una pena a quien actúa por una causa de necesidad determinada, en tanto que actúa produciendo un daño para evitar un mal, siempre que no exista un cauce para evitar dicho mal. No obstante, dicho mal causado debe ser menor que el daño que se pretende evitar. Por tanto, deben ser bienes de un valor desigual, para justificar la causación de un mal.

Sin embargo, es necesario recalcar que el precepto señalado dispone que el daño causado debe recaer sobre una propiedad ajena, en cambio, el bien jurídico que se salva puede ser cualquier otro diferente a la propiedad. Por tanto, el texto penal ecuatoriano únicamente justifica la causación de un mal sobre la propiedad ajena para hacer frente a una necesidad del autor de los hechos.

En el caso ecuatoriano se puede llegar a hablar del «indulto a las *mulas* del narcotráfico» que supuso la reducción de los encarcelados a raíz de dicha política tomada el día 4 de julio de 2008[24].

---

24 PALADINES, J., «Cárcel y drogas en Ecuador: el castigo de los más débiles», en *Pensamiento Penal,* 2016, p. 14.

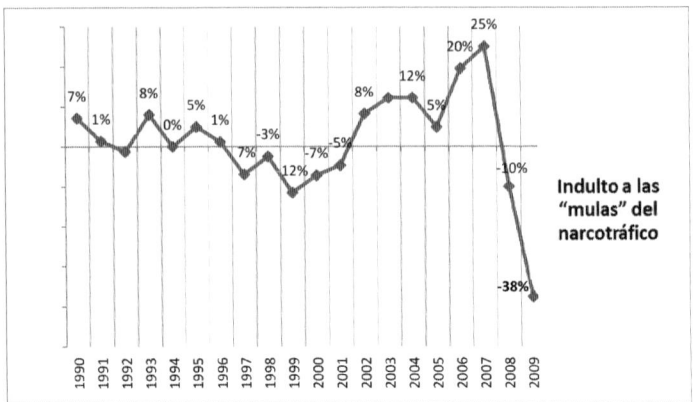

Figura 2: «Reducción porcentual de la tasa de encarcelamiento a partir del indulto a las "mulas" del narcotráfico». Fuente: PALADINES, J., «Cárcel y drogas en Ecuador: el castigo de los más débiles», en *Pensamiento Penal,* 2016, p. 16.

En dicho año entre el 65 y 79 % de las mujeres encarceladas habían ingresado en prisión como consecuencia de la comisión de un delito relacionado con el tráfico de drogas, lo cual refleja la selectividad del propio sistema penal que persigue en mayor medida a la población más vulnerable y desfavorecida de la sociedad. También dicho indulto supuso una reducción de carácter significativo de un 38 % de la tasa de encarcelamiento de Ecuador. Así, se pasó de una media en 2007 de 130 a tener en 2009 menos de 73 personas presas por cada cien mil habitantes. Asimismo, el indulto fue un punto de partida para otros beneficios de carácter penitenciarios y contribuir así con la disminución del encarcelamiento preventivo, generando una reducción de 18675 (2007) a 10881 (2009) personas privadas de la libertad, «convirtiéndose en el ícono más representativo de la (des)carcelización desde la vigencia de la Ley 108»[25].

---

25   *Ibidem,* p. 15.

Tres meses más tarde del indulto, entró en vigor la nueva Constitución de la República de Ecuador y, en los derechos y garantías se pudo observar luz para la política de drogas, ya que el art. 368[26] de la misma «elevó a estándar constitucional la prohibición de criminalizar a sus consumidores»[27]. Con ello, «la prohibición de estigmatizar y encarcelar a los consumidores se había logrado en Ecuador mediante un estándar legítimamente más alto, esto es, elevando a categoría de principio constitucional el hecho de no criminalizar a los consumidores tanto de drogas de uso lícito como ilícito»[28].

A pesar de dichos cambios, el indulto de los correos de la droga no evitó el crecimiento de las personas encarceladas en prisión por delito de drogas. El estudio analizado de PALADINES pone de manifiesto una vez más la mayor presencia de mujeres entre los correos de la droga. Expone además una mayor represión por parte del sistema penal ecuatoriano sobre las mujeres, puesto que en 2008 siete de cada diez mujeres estaban detenidas por la comisión de un delito relacionado con el tráfico de drogas[29].

En definitiva, con el caso ecuatoriano se comprueba una vez más que a pesar de existir determinados cau-

---

26   El Art. 364 de la Constitución de la República del Ecuador señala que: «Las adicciones son un problema de salud pública. Al Estado le corresponderá desarrollar programas coordinados de información, prevención y control del consumo de alcohol, tabaco y sustancias estupefacientes y psicotrópicas; así como ofrecer tratamiento y rehabilitación a los consumidores ocasionales, habituales y problemáticos. En ningún caso se permitirá su criminalización ni se vulnerarán sus derechos constitucionales. El Estado controlará y regulará la publicidad de alcohol y tabaco».

27   PALADINES, J., «Cárcel y drogas...», *op. cit.,* p. 16.

28   *Ibidem,* p. 17.

29   *Ibidem,* p. 42.

ces aplicativos para solventar por razones de humanidad la problemática de los correos de la droga no es así en su vertiente práctica. Es por ello, que a pesar de la necesidad de seguir mejorando las legislaciones, también son necesarios pasos hacia adelante con una aplicación real, efectiva y práctica de las herramientas legales ya existentes.

III.- Perfil delictivo de los correos de la droga

En este apartado se va a realizar un análisis del perfil, características y circunstancias de los correos de la droga, con la finalidad de poder entender la causa de este tipo de delincuencia, con la intención de encontrar posibles soluciones tendentes a evitar las victimizaciones que derivan de dicha realidad social basadas en aspectos socioeconómicos.

1. La condición de vulnerabilidad

Se pueden encontrar diversos campos que analizan el concepto de vulnerabilidad, como por ejemplo la antropología, la sociología, o incluso la ingeniería. Por ello, existen formas muy diversas de entender el término de vulnerabilidad, partiendo de diferentes elementos, entre los que se pueden destacar «el riesgo, estrés, susceptibilidad, adaptación, elasticidad, sensibilidad o estrategias para enfrentar el estrés»[30].

A pesar de dichas distinciones y terminologías diversas, sí se encuentran algunos elementos en común

---

30 Ruíz Rivera, N., «La definición y medición de la vulnerabilidad social. Un enfoque normativo», en *Investigaciones Geográficas, Boletín del Instituto de Geografía, UNAM,* núm. 77, 2012, p. 63.

entre todas aquellas definiciones sobre el término de vulnerabilidad[31]:

– Cuando se define la vulnerabilidad siempre se hace partiendo de algún tipo de amenaza, como por ejemplo, enfermedades, hambrunas, pérdida del empleo, sequías, inundaciones, etc.

  • La propia unidad que se analiza, ya sea individuo, hogar o grupo social, se define como vulnerable frente a una amenaza concreta o ante una situación que conlleva una pérdida, como por ejemplo la pérdida de la salud, del ingreso, de las capacidades básicas, entre otras.

  • Se distinguen en la definición del concepto de vulnerabilidad dos momentos diferentes. Por un lado, se refiere a la susceptibilidad, es decir, a la susceptibilidad que una persona tiene ante una situación concreta de mayor o menos estrés y, por ende, la probabilidad de tener una pérdida concreta. Por otro lado, se alude a la capacidad de ajuste de la unidad de análisis para poder hacer frente a la situación de estrés sufrida.

Además de lo anterior, y de la afirmación de que el concepto de vulnerabilidad es algo multidimensional y complejo en cuanto a su estructura y conformación, GONZÁLEZ[32] recuerda que sí existe una coincidencia de carácter general puesto que en todo caso la vulnerabilidad social es una «condición de riesgo o indefensión, la susceptibilidad a sufrir algún tipo de daño o perjuicio, o de padecer la incertidumbre». De esta forma, la

---

31 *Ibidem,* p. 64.

32 GONZÁLEZ, M.L., Orientaciones de lectura sobre vulnerabilidad social, en *Lecturas sobre vulnerabilidad y desigualdad social. Córdoba: Centro de Estudios Avanzados (UN Córdoba) CONICET,* 2009, p. 2.

vulnerabilidad social siempre es entendido como «fragilidad» y «riesgo».

Así, queda de manifiesto la complejidad del concepto de vulnerabilidad, por lo que además de la propia definición, caracteres y elementos habrá de atenderse a las circunstancias específicas de la persona vulnerable.

Para este estudio se hará uso de la siguiente definición:

> «La vulnerabilidad es definida como una situación latente caracterizada por la convergencia de circunstancias que aumentan la probabilidad de las personas y hogares de sufrir contingencias que disminuyan dramáticamente su bienestar. Es un concepto multidimensional que busca identificar factores que refuerzan la reproducción de procesos que deterioran el nivel de vida de hogares e individuos»[33].

Ante ello, en las páginas siguientes se pondrá de manifiesto el componente de vulnerabilidad social en la gran mayoría de correos de la droga, para exponer las limitaciones económicas de los mismos y su estado de necesidad por el que actúan dentro del tráfico de drogas.

Por ello, deviene indispensable afirmar que los correos de la droga son personas frágiles y vulnerables y constituyen el último eslabón visible del tráfico de drogas, pero además en la mayoría de las ocasiones, son mujeres con unas características sociales y

---

33 Otto Thomasz, E., Castelao Caruana, M.A., Massot, J.M., Eriz, M., «Riesgo social: medición de la vulnerabilidad en grupos focalizados», en Cuadernos del CIMBAGE, núm. 16, 2014, p. 31.

geográficas muy marcadas[34]. De la propia jurisprudencia del Tribunal Supremo, en adelante TS, se puede deducir el perfil principal de los correos de la droga: principalmente mujeres, en situación de penuria económica, con hijos a su cargo. Pero incluso con situaciones familiares grave[35]:

> «Marta Lucia T.C. es madre de dos hijos menores de edad, uno de los cuales padece una deformidad congénita que ha requerido distintas intervenciones médicas. Cuando tomó la decisión de transportar la droga se encontraba sometida a una situación de penuria económica que la llevó a actuar para poder obtener medios económicos que permitiesen su subsistencia y la de sus hijos menores» (STS 1352/2000, de 24 de julio).

> «La acción del procesado estuvo impulsada por una situación familiar grave, sin posibilidad de solucionar debido a su situación económica. Con su madre, su esposa, su hermana de 15 años de edad y su hija a su cago, sin trabajo, con una hipoteca que pesa sobre su vivienda, a la que no puede hacer frente, ni en cuanto al capital ni a sus intereses, padeciendo su hija una enfermedad respiratoria, que de no hacer frente con la oportuna operación devendría en irremediable, no pudiendo hacerla frente debido a la carencia de medios económicos, y habiendo agotado las posibilidades a su alcance, incluso las de empeño de sus bienes, que ya había efectuado...» (STS 43/1998, de 23 de enero).

De dichas manifestaciones, se puede extraer y repetir que indudablemente los correos de la droga son personas con una especial vulnerabilidad por su situación de precariedad y, por ende, de necesidad. Tam-

---

34   MATEOS RIBAS, N. y MARTÍNEZ, A. Mujeres ..., *op. cit.*, pp. 71 y 72.

35   CIGÜELA SOLA, J., *Crimen y castigo...*, *op. cit.*, pp. 313-314.

bién, en líneas generales, son personas con comportamientos antisociales, por lo que puede encontrarse mayor presencia de drogodependencias[36].

Por tanto, el fenómeno de los correos de la droga debe ser analizado desde su experiencia en su condición de vulnerabilidad, teniendo en cuenta que se encuentran en la periferia de las organizaciones de tráfico de drogas. Además, para comprender dicha realidad social es conveniente otorgarle un sentido determinado, para lo cual será necesario enfocarlo con unos valores y normas concretas con el uso de un lenguaje correcto, pues habrá que crear un significado en el contexto social particular que envuelve a estas víctimas sociales, ya que no sería correcto analizar el mundo de una manera objetiva[37].

La citada e indudable vulnerabilidad que caracterizan a los correos de la droga, puesto que son víctimas sociales, va unida a la propensión victimal de verse inmersos en la problemática que se viene analizando. Es por ello que existen diversos factores sociales involucrados en el riesgo victimal como es el estilo de vida puesto que «las actividades cotidianas de naturaleza tanto vocacional como profesional influyen considerablemente en la definición de un sujeto como víctima potencial»[38].

---

36   Nuñovero Cisneros, L., «Víctimas y peones: el fenómeno migratorio y las dinámicas del crimen organizado», en *Revista Aequitas,* núm. 3, 2020, p. 70.

37   Benítez, G., Santacruz Ospina M.F., Cuadros Veloza, L.W., Guerrero Castro, J., Arandia Gaitán, M., y Díaz Cárdenas, J.D., «Voces actuales...», *op. cit.*, pp. 125 y 126.

38   Morillas Fernández, D.L., Patró Hernández, R.M., y Aguilar Cárceles, M.M., *Victimología: un estudio sobre la víctima y los procesos de victimización,* Dykinson, Madrid, 2014, pp. 280 y 281.

Los riesgos que se pueden encontrar de mayor magnitud están relacionados con el ámbito familiar, la educación, el nivel socioeconómico y el trabajo. Así, el riesgo de exposición está unido a las rutinas, en tanto que, por ejemplo, «no es lo mismo el riesgo al que está sometido el gerente de un banco, o aquel otro que atendiendo a su horario laboral frecuenta zonas o se ve sometido a ciertas situaciones de mayor peligro (coger el metro de madrugada)"[39].

También se pueden presentar determinados peligros denominados riesgo asociativo, que están vinculados a aquellas personas que tienen una profesión activa la cual aumenta la posibilidad de victimización pero reduce el impacto sobre el trabajador en comparación con aquellas personas sin recursos. También dicho riesgo asociativo tiene incidencia con la pertenencia a grupos y bandas callejeras, ya que existe una mayor posibilidad de involucrarse en actividades delictivas[40].

Lo expuesto con anterioridad tiene una incidencia y relación directa con los correos de la droga, ya que se trata de personas de especial vulnerabilidad cuyas rutinas, ligadas a su situación socioeconómica, conlleva a la existencia de un mayor número de factores sociales involucrados en el riesgo victimal, es decir, existe un mayor riesgo de verse obligadas a ejercer de correos de la droga para solventar sus problemas socioeconómicos.

---

39   *Ibidem,* p. 280.

40   *Ibidem.*

2. El género como factor condicionante

«No sólo hace falta explicar
por qué las mujeres transgreden la ley,
sino más bien por qué la gran mayoría actúa
conforme a las normas».

Hartjen, 26

A pesar de que «en la actividad de *body packer* participan individuos de ambos sexos, de todos los grupos etarios»[41], se pueden encontrar un mayor número de mujeres que ejercen como correos de la droga, puesto que «cientos de mujeres son detenidas cada año por servir de vehículo para el tráfico internacional de drogas o, como vulgarmente son llamadas, por servir de «mulas», «burreras», e inclusive «vagineras»[42]. Así, «globalmente, la imagen de la mujer mula aparece cada vez más claramente como una nueva actora en el mercado internacional de las drogas y prolifera con rapidez en el imaginario común»[43]. Esto se hace especialmente latente en Colombia, pues en el año 2021, 50 personas fueron captadas para ejercer como correos de la droga, de las que 42 eran mujeres y 8 hombres[44].

---

41 BESTARD PAVÓN, L.A., BARRERO VIERA, L., BELAUNDE CLAUSELL, A., Y RIVERO VÁZQUEZ, I., «Tratamiento médico del *body packer* o mulas de drogas», en *Revista Cubana de Medicina Militar*, vol. 52, núm. 1, 2023, p. 2.

42 TORRES ANGARITA, A., *Drogas, cárcel ...*, *op. cit.*, p. 14.

43 *Ibidem.*

44 HERRERA JARA, L.E., «Correos humanos...», *op. cit.*, p. 28.

Figura 3: Los correos de la droga. El eslabón más débil del narcotráfico.
Fuente: EL PAÍS [20 de noviembre de 2024] https://elpais.com/america-futura/2023-10-01/las-mulas-desaparecidas-de-la-droga.html

De un estudio realizado por RIBAS MATEOS y MARTÍNEZ[45] en diferentes centros penitenciarios españoles, se puede extraer la afirmación siguiente:

«En el colectivo de mujeres extranjeras de las cárceles estudiadas, se encuentra el delito contra la salud pública como el más recurrente; es decir, la principal causa de su detención es el tráfico ilegal de drogas: el 82 % de las mujeres en las cárceles estudiadas han llegado a España como mulas y está compuesto por personas de centro y Sudamérica; el 64 % de estas mujeres mulas son colombianas. Las colombianas constituyen cerca del 57 % del total de mujeres en las cárceles. El hecho de que el 78 % de estas mujeres cumplan condenas por delito contra la salud pública, supone que sus penas estén alrededor de los 9 años de prisión. Se trata de un porcentaje que está muy por encima respecto del resto de los delitos penalizados, lo que nos permite observar la fuerte sanción y control del tráfico de drogas».

---

45   MATEOS RIBAS, N. y MARTÍNEZ, A. «Mujeres extranjeras...», *op. cit.*, p. 71.

Aunque si bien es cierto que se trata de un estudio realizado hace unos años y, por tanto, no se ajusta a la estricta realidad actual, se puede constatar con otros análisis que la incidencia en la criminalidad femenina entorno a los correos de la droga sigue teniendo una gran magnitud. Esto será expuesto con mayor extensión en el apartado correspondiente de este estudio.

Así, partiendo de que la mujer tiene una vulnerabilidad especial frente al hombre por el hecho de ser mujer y, sumado a la mayor incidencia de la mujer en la actividad de los correos de la droga, además de que estos últimos son «el eslabón más débil del tráfico de drogas internacional»[46], se debe tomar una perspectiva de género a la hora de analizar la problemática para poder encontrar las herramientas y cauces legales oportunos, para alcanzar la solución más idónea.

Figura 4: La vulnerabilidad de la mujer. Fuente: EL PAÍS, [21 de noviembre de 2024] https://elpais.com/espana/catalunya/2023-11-06/es-bajita-y-no-pudo-traer-los-4-kilos-el-trafico-de-mulas-de-la-droga-desde-peru-llega-a-juicio.html

En palabras de ACALE SÁNCHEZ, «la mujer delincuente soporta un *iter* discriminatorio particular a través de un hilo que une los procesos de victimización primaria, de criminalización y de victimización secundaria en pri-

---

46   EL PAÍS, [29 de octubre de 2024] https://elpais.com/espana/catalunya/2023-08-06/el-viaje-de-las-mulas-de-peru-a-espana-vienes-como-turista-y-a-los-cinco-dias-se-te-entrega-el-dinero.html#

sión»[47]. Pero no solo una mayor victimización, sino también una mayor estigmatización social tras el encarcelamiento[48]. Ser delincuente conlleva un estigma social[49], pero más aún si es mujer delincuente, pues debe «cargar con una triple condena: penal, social y personal»[50]. Esto trae de manera paralela una mayor discriminación que culmina en una desigualdad social más elevada.

En definitiva, la mujer se presenta como un sujeto de mayor vulnerabilidad social frente al hombre y, por tanto, tiene una mayor incidencia en la resolución de la misma ante la involucración como agente parte del tráfico de las drogas, al ejercer como correos de la droga.

IV.- ¿Víctimas o delincuentes?

Tras lo expuesto en los apartados anteriores y las reflexiones derivadas de una investigación exhaustiva sobre la realidad socioeconómica que envuelve a los correos de la droga, cabe reflexionar sobre la posición que ocupan en la escala delictiva.

Ha quedado constatado y explicado que la gran mayoría de personas que son correos de la droga,

---

47   ACALE SÁNCHEZ, M., «El género como factor condicionante de la victimización y de la criminalidad femenina», en *Papers. Revista de Sociología,* vol. 102, núm. 2, 2017, p.233.

48   CERVELLÓ DONDERIS, V., «Mujer, prisión y no discriminación: del legado de concepción arenal a las reglas de Bangkok, en *Estudios Penales y criminológicos,* vol. 41, 2021, p. 572.

49   CRUZ GARCÍA, N., MORALES VÁZQUEZ, E. y RAMÍREZ RAMÍREZ, L.E., «Mujeres en prisión: una experiencia de sentido y de significado», en *Revista de Ciencias Sociales y Humanidades,* núm. 69, 2010, p. 72.

50   EPE, [26 de noviembre de 2024] https://www.epe.es/es/igualdad/20220619/prision-discriminacion-mujer-desigualdad-13806265

es decir, que trasladan drogas de un país a otros, poniendo incluso en riesgo su vida y su salud, lo hacen como consecuencia de una situación o circunstancias personales, sociales y/o económicas que las abocan a verse inmersas en el tráfico de drogas, pues de no existir un estado de necesidad, difícilmente por voluntad propia y por un motivo meramente económico, llegarían incluso a ingerir drogas a pesar del riesgo que dicha práctica o conlleva o, aún no ingiriéndola, pasando por los controles de aeropuertos poniendo en riesgo su libertad.

Ante ello, se expone que las personas pobres que, a veces se ven abocadas a la criminalidad, sufren determinadas victimizaciones, partiendo que la propia pobreza las victimizan, pudiéndose hablar de una serie de sucesos correlativos que cada vez les dificultan más salir adelante. Así, se puede hablar de tres victimizaciones diferentes entorno a los correos de la droga:

1. El pobre como víctima social:

Se puede afirmar que existe un proceso estigmatizador entorno a la pobreza. Dicho proceso inició con una especial fuerza en el siglo XVIII y tuvo su enfoque en grupos considerados como necesitados de la aplicación de la «mano fuerte» del Estado, que ejerce una especial persecución y criminalización sobre la pobreza, identificándola con rasgos de peligrosidad. Es este enfoque el que lleva al Estado hasta límites insospechados y, por supuesto, hasta el encierro y, por ende, privación de libertad de las personas más necesitadas de la sociedad[51].

---

51   TIJOUX, M.E., «Cárceles para la tolerancia cero: clausura de pobres y

Asimismo, el precitado miedo generado a la pobreza se divulga por diversos países de manera paralela a la globalización, a través de los propios medios de comunicación con imágenes y narración de hechos que fundamentan el discurso sobre y contra la violencia. «Esta verdadera producción, entendida en su sentido más espectacular, consigue ocultar en las bambalinas de su escenario, los reales problemas que la sociedad tiene, como ocurre con el rol de un Estado que se aparta y se desentiende cada vez más de lo social»[52].

Por todo ello, se ha desarrollado un proceso en el que son partícipes distintas instituciones, personas, medios y soportes discursivos, que construyen un sentimiento de criminalización de la pobreza, existiendo así un «sentido común penal»[53]. Por tanto, la propia pobreza de la gran mayoría de correos de la droga ya es de por sí una victimización, por lo que se habla de víctimas sociales.

De este modo, se plantea la pobreza como un fenómeno de violencia estructural reflejado en el proceso de pobreza y exclusión social que supone una gran dificultad para que ambos colectivos puedan acceder a los bienes ofrecidos por el sistema social[54] y poder ver materializados sus derechos.

Son víctimas sociales y, para justificarlo, se puede traer a colación la siguiente pregunta-hipótesis: «¿Puede haber víctima sin crimen y, por ende, sin

---

seguridad de ciudadanos», en *Última década,* núm. 16, 2022, p. 176.

52   *Ibidem.*

53   *Ibidem.*

54   RODRÍGUEZ, F., «La pobreza como un proceso de violencia estructural», en *La pobreza como un proceso de violencia estructural,* vol. 10, núm. 1, 2004, p. 42.

delito?»[55], que aunque se plantea para otra realidad y forma, la autora de este trabajo de investigación lo reconduce a los correos de la droga, en tanto, personas pobres que se ven victimizadas por su propia pobreza.

En consecuencia, es menester tener presente que la persona pobre, vulnerable y excluida socialmente por el mero hecho de serlo ya es víctima, concretamente una víctima social, puesto que serán dichos caracteres los que le impedirán desarrollarse como persona de una forma integral y efectiva, cubriendo sus necesidades más básicas y viviendo una vida digna.

2. El pobre como víctima de un delito:

También es la propia pobreza la que permite hablar de potencialidad victimal, es decir, se puede afirmar que los pobres son víctimas potenciales, de forma que tienen una mayor propensión a ser víctimas de un delito.

Afirma HERRERA MORENO que «la propensión victimal quedaría sujeta a la interrelación de factores intrínsecos y extrínsecos, divisibles en predisponentes de tipo bio-psicológico y aquellos relativos al ámbito social»[56].

Se pueden señalar tres factores diferenciados[57]:

– Predisposiciones biológicas y psicológicas:

Los denominados factores predisponentes pertenecen a la llamada «víctima por naturaleza», es

---

55   MORILLAS FERNÁNDEZ. D. L., PATRÓ HERNÁNDEZ, R.M., y AGUILAR CÁRCELES, M.M., *Victimología..., op. cit.,* p. 103.

56   *Ibidem,* p. 278.

57   *Ibidem,* pp. 279 y 280.

decir, hacen alusión a la existencia de unas características determinadas que son intrínsecas a la persona, y que pueden ser físicas o psíquicas, que contribuyen aumentar el riesgo de victimización.

Dentro de las mismas se puede hacer una diferenciación, separando las características manifiestas de las definitorias a nivel fisiológico. Las primeras que podrían ser por ejemplo, la edad, el sexo o la raza, son consideradas más comprometedoras que las segundas, que si bien son más implícitas, pues sería de mayor riesgo victimal ser anciano robarle a él que no tener esa característica y robarle a otra persona que no pertenezca al precitado colectivo.

En estos factores también cabe hacer incidencia en la vulnerabilidad psicológica de una persona, pero también «el potencial para desarrollar ciertos comportamientos» que puedan tener una manifestación u otra en virtud de las características de la personalidad concreta que tenga una persona.

– Factores sociales que tengan incidencia en el riesgo victimal como el estilo de vida de una persona:

Los factores que aquí se analizan son considerados exógenos y tienen relación con el estilo de vida, es decir, con aquellas actividades que en la cotidianeidad realiza una persona y la define, ya sean de carácter vocacional o profesional, puesto que tienen una repercusión determinada en la persona como víctima potencial.

El grado de riesgo que pueda existir entorno a una persona hace alusión a la familia, su nivel económico, la educación, los recursos con los que cuente, el entorno laboral o expectativas que pueda haber alrededor del rol social de esa persona determinada. Así, el riesgo de exposición tiene especial sentido en las rutinas habituales de una persona, en tanto que no es lo mismo que una persona trabaje en horario de mañana que en horario de noche, por los riesgos que pueden conllevar.

Asimismo, existen otros peligrosos, llamados riesgos asociativos, que se vinculan con la pertenencia por ejemplo a una banda callejera o grupo criminal, que le exponen a un mayor riesgo de victimización pero disminuye su impacto.

En este sentido, cabe traer a colación la denominada «teoría del estilo de vida», de Hindelang, que exponía que existía una mayor probabilidad ser víctima de un delito en virtud del estilo de vida de la persona, puesto que los «factores sociales, demográficos y económicos» daban una estructura a la persona que condicionaban una adaptación determinada, existiendo una mayor probabilidad de victimización por un delito[58].

En definitiva, existen ciertos factores entorno a una persona, que hacen que exista un mayor o menor riesgo victimal, por lo que el pobre, además de ser víctima por el mero hecho de no tener recursos económicos, también puede tener una mayor propensión victimal por unas características determinadas que les pueda acompañar y definir.

3. El pobre delincuente por su pobreza:

Además de la pobreza que victimiza al pobre y lo convierte en víctima social, y el propio riesgo victimal por unos factores concretos, la propia situación delictiva, a pesar de ser sujeto activo del tipo, por un estado de necesidad, les traerá una victimización carcelaria.

---

58   *Ibidem,* p. 281.

Los correos de la droga se enfrentan a penas privativas de libertad y, entendiendo la cárcel como «una institución aislada y separada del contexto social» que está separada de la sociedad libre[59], se presupone el inevitable olvido de los que son encarcelados, pero, sobre todo, los padecimientos de los internos, de los cuales se entiende su necesidad, pero se cuestiona si son justos para el precitado colectivo cuando no ha sido aplicada la eximente de estado de necesidad.

Además de ello, la privación de libertad, el encarcelamiento, como en todos los ámbitos, tiene una especial repercusión en las mujeres, «marcadas en su gran mayoría por la exclusión social previa al encarcelamiento y por la posición social desigual en cuanto a su condición de mujeres»[60] y, a pesar de ello, existe poca investigación acerca de tal factor, lo cual conlleva una mayor dificultad para erradicar el problema.

DE MIGUEL CALVO hace hincapié en la explicación de las trayectorias vitales de las mujeres encarceladas, haciendo referencia a su exclusión social y vulnerabilidad; el perfil de las mismas; y a los rasgos propios desde una perspectiva de género[61]:

– Exclusión social y vulnerabilidad: Ambos factores son rasgos característicos de la gran mayoría de mujeres encarceladas, puesto que pertenecen a estratos sociales que se caracterizan por la exclusión social, vulnerabilidad, pobreza, y en muchas ocasiones son extranjeras o pertenecientes a minorías

---

59   MELOSSI, D. y PAVARINI, M., *Cárcel y fábrica. Los orígenes del sistema penitenciario (siglos XVI-XIX),* Siglo XXI editores, México, 1977, p. 7.

60   DE MIGUEL CALVO, E., «Encarcelamiento de mujeres. El castigo penitenciario de la exclusión social y la desigualdad de género», en *Revista de servicios sociales,* núm. 56, p. 75.

61   *Ibidem,* pp. 78-84.

étnicas. Aunque si bien es cierto que no todas las mujeres presas son pobres y excluidas socialmente, sí lo son la inmensa mayoría. A pesar de ello, las políticas sociales existentes son ineficaces, no encontrándose un control social idóneo, pudiéndose hablar de una criminalización exacerbada. Asimismo, remarca la autora que la exclusión social de la mujer, previa al encarcelamiento, se convierte en un factor añadido al ahondamiento en la exclusión social, sobre todo para aquellas mujeres que hayan tenido una trayectoria vital previa. Por tanto, la prisión excluye en mayor medida a personas que ya previamente tenían algún rasgo de exclusión que repercute más en la privación de libertad y, además, afectada en mayor medida a las mujeres que a los hombres[62]. En cualquier caso, son numerosos los estudios que demuestran que en todos los países la selección penal encarcela a personas pobres y excluidos[63].

– Exclusión primaria de las mujeres privadas de libertad[64]:

• Ámbito económico[65]: en este ámbito es menester recordar que el modelo social que predomina en muchos lugares es la mujer ama de casa cuyo marido es la persona encargada de llevar dinero a casa, por lo que muchas mujeres no tienen ingresos propios. Además de ello, las mujeres que son madres solteras carecen en muchas ocasiones de empleos cuyos ingresos les permitan llevar adelante el hogar y los hijos, puesto que no existen

---

62 *Ibidem,* p.78.

63 Manzanos, C., Beltrán, E., Santiesteve, P., Del Cura, J., Sánchez, P. y Cabrera, P., *Políticas sociales para abolir la prisión,* IKUSBIDE, Vitoria, 2011, p. 83.

64 De Miguel Calvo, E., "Encarcelamiento de mujeres..., *op. cit.,* p. 78.

65 *Ibidem.*

unos servicios sociales suficientes e idóneos que cubran y hagan frente a dicha realidad social.

- En este sentido, cabe recordar que los correos de la droga, son en su mayoría mujeres, debido a la debilidad económica que por diversas circunstancias indicadas previamente se pueden encontrar entorno al género femenino.

- Ámbito laboral[66]: no solo se trata de tener un empleo para obtener ingresos, sino tener acceso a uno a través del cual no se hable de precariedad laboral, ya que en el mismo incluso se puede hablar de una potencial fuente exclusión social. También es posible, como se ha indicado con anterioridad, trabajar como ama de casa y, por tanto, no tener una remuneración. Esto es lo que ocurre principalmente con las mujeres, o bien, mujeres que acceden a un trabajo con unas condiciones precarias específicas o sin una igualdad salarial en comparación con los hombres.

- En el caso de los correos de la droga, se debe recordar que gran parte son mujeres, es por ello que se cumple el perfil expuesto en este apartado relacionado con el ámbito laboral.

- Ámbito formativo: también cabe destacar la importancia de los estudios en las mujeres, ya que no solo ayuda a obtener un mejor empleo[67]. Este ámbito es indudablemente mucho más que poder obtener un empleo u otro, puesto que contribuye al desarrollo personal y social, ya que actualmente «el conocimiento y la información son componentes sociales básicos»[68].

---

66   *Ibidem,* p. 79.

67   ARTILES, A.M. y LOPE, A., «¿Sirve la formación para tener empleo?», en *Papers,* núm. 58, 1999, p. 39.

68   DE MIGUEL CALVO, E., «Encarcelamiento de mujeres...», *op. cit.,,* p. 79.

En el caso de las personas más pobres y vulnerables, como es el colectivo del que se viene hablando en esta investigación, el desarrollo formativo es de más difícil acceso, lo cual tendrá una repercusión ineludible en el desarrollo de la persona, así como un mayor o menor número de oportunidades de empleo.

- Ámbito sanitario: en este ámbito la desigualdad social se evidencia en la dificultad de acceso a la sanidad y obtener unos servicios básicos que hagan posible tener un mejor estado de salud[69]. En este caso, se debe destacar que la pobreza constituye una de las principales causas de enfermedad[70], y además de que la pobreza constituye un factor de mayor riesgo a padecer una enfermedad, también la misma dificulta el acceso a los servicios de sanidad y no recibir los tratamientos necesarios y adecuados, por lo que hay un mayor riesgo de que las enfermedades se agraven[71]. Incluso en algunos lugares se puede hablar de las «enfermedades de la pobreza»[72]. Es por ello, que se manifiesta la existencia de una sindemia, término acuñado por SINGER en los años 90 «derivado de los términos sinergia y epidemia, quien en 2017 argumentó en *The Lancet* la repercusión e incidencia de los factores sociales en la salud de las personas, agrupando múltiples enfermedades de

---

69 *Ibidem*, pp. 79 y 80.

70 Berlinguer, G., «Determinantes sociales de las enfermedades», en *Revista Cubana de Salud Pública,* vol. 33, núm. 1, 2007, p. 2.

71 Abadía Barrero, C. E., «Pobreza y desigualdades sociales: un debate obligatorio en salud oral», en *Acta bioethica,* vol. 12, núm. 1, p. 9.

72 Alvar, J. y Pécoul, B., «Enfermedades de la pobreza, enfermedades tropicales desatendidas», en *Eu-topías,* vol. 7, 2014, p. 89.

todo tipo que serán más probables que se desarrollen en condiciones de desigualdad social»[73].

Así, se puede evidenciar que los correos de la droga, en su mayoría personas pobres, tienen una mayor probabilidad de enfermar y, en su caso, de no poder acceder a la sanidad para tener el mejor tratamiento posible.

- Ámbito residencial[74]: la falta de vivienda propia es algo característico también de las mujeres pobres encarceladas. Es por ello, que viven, con anterioridad al encarcelamiento, con sus familiares, en albergues, pisos compartidos, etc.

  Esto evidencia que la necesidad impide cubrir las necesidades más básicas y una mayor dificultad para ver materializado su derecho a la vivienda.

- Vínculos personales: carecer de vínculos familiares sólidos impide el apoyo y recursos suficientes para hacer frente a cualquier tipo de dificultad económica relacionada con la pobreza y vulnerabilidad social, ya que los lazos familiares inciden en las desigualdades sociales[75]. Así, se puede afirmar que la cohesión social y la pobreza multidimensional son conceptos relacionados, en tanto que el primero tiene como finalidad principal lograr un mayor bienestar y equidad en la sociedad[76].

---

73 BARRAGÁN LÓPEZ, M., «La victimización y tratamiento penal de las personas sin hogar durante el confinamiento de la Covid-19 como expresión de aporofobia», en *Revista Electrónica de Estudios Penales y de la Seguridad,* núm. 11, 2022, p. 12.

74 DE MIGUEL CALVO, E., «Encarcelamiento...», *op. cit.,* p.80.

75 *Ibidem.*

76 NÚÑEZ MEDINA, G., LÓPEZ ARÉVALO, J.A., y JIMÉNEZ ACEVEDO, H.M., «Pobreza, estructura familiar y cohesión social en municipios de Chiapas», en *ECONOMÍAunam,* vol. 13, núm. 22, 2016, p. 96.

En consecuencia, los correos de la droga en tanto en su mayoría pobres, tienen una menor red social familiar que les permita obtener una ayuda económica y afectiva en momentos de dificultad económica.

- La ciudadanía y participación social[77], es negada a través del impedimento de disfrute del derecho a la participación, como es el caso de las personas privadas de libertad por el encarcelamiento por el cumplimiento de penas.

– Rasgos concretos desde una perspectiva de género: existe una diversidad de factores que forman parte en exclusiva de la mujer que influyen en la situación socioeconómica de la misma. Dichos rasgos son[78]:

- Maternidad: el cuidado de otras personas en el ámbito doméstico por parte de las mujeres supone unos condicionantes en la pobreza y exclusión social, lo cual no se produce en la misma entidad en los hombres. Se trata de tareas que han sido minusvaloradas por la sociedad. También la monoparentalidad se invisibiliza a pesar de influir en los procesos de pobreza y exclusión social de la mujer, y es lo que en muchas ocasiones lleva a la mujer a delinquir[79]. Del mismo modo, cabe exponer la maternidad encarcelada[80] como la causa del surgimiento de nuevos aspectos de victimización tanto para la madre como para el bebé.

---

77 De Miguel Calvo, E., «Encarcelamiento..., *op. cit.,* p. 80.

78 *Ibidem,* p. 81.

79 *Ibidem.*

80 Contreras Hernández, P., «Maternidad encarcelada: análisis feminista de las consecuencias personales, familiares y sociales en mujeres privativas de libertad», en *Revista Temas Sociológicos,* núm. 22, 2018, p. 210.

La maternidad en prisión conlleva también consecuencias de carácter personal, familiar y social, «pues la construcción androcéntrica de la familia define y proyecta la figura materna en función del cuidado y la crianza, absorbiendo simbólicamente la identidad de las mujeres a partir de la imagen reproductora»[81].

En el caso de las mujeres correos de la droga cabe advertir que esta maternidad en solitario puede tener una repercusión en la toma de la decisión de transportar drogas de un lugar a otro, cuando la causa se encuentra en una necesidad por dicha circunstancia.

• Violencia contra las mujeres: la violencia contra la mujer se presenta como un problema de índole social y político. Dicha realidad supone en las mujeres encarceladas un alto porcentaje en su padecimiento, lo cual ilustra que la violencia se haya presente en muchas de las presas. Esto tendrá aún más relevancia en aquellas mujeres en estado de marginalidad y exclusión social que por ejemplo viven en la calle[82].

En consecuencia, el por qué delinquen las mujeres puede encontrar su respuesta en sus trayectorias vitales. En este sentido, cabe destacar lo expuesto por ROMERO MENDOZA y AGUILERA GUZMÁN[83], cuando establecen que las tasas de delincuencia se han agravado en distintos países, señalando que la inmensa mayoría de mujeres presas tienen su origen en lugares desfavorecidos donde conviven con la pobreza. Es por ello

---

81   *Ibidem.*

82   DE MIGUEL CALVO, E., «Encarcelamiento...», *op. cit.,* p. 83.

83   ROMERO, M. y AGUILERA, R.M., «¿Por qué delinquen las mujeres? Perspectivas teóricas tradicionales». Parte I., *Salud mental,* Vol. 25, núm. 5, 2002, p. 10.

que además del incremento, cabe destacar que se vienen viendo envueltas en la comisión de diversos tipos delictivos como el delito contra la salud pública, que hasta hace relativamente poco tiempo se asociaba a los hombres. Así, se puede afirmar que en la actualidad existe un aumento notable en la partición en delitos contra la salud pública, especialmente de tráfico de drogas, por parte de mujeres[84].

Como se ha expuesto en el párrafo precedente, existe actualmente una mayor comisión de delitos de tráfico de drogas por parte de las mujeres[85], a pesar de ser un tipo que ha venido siendo atribuido al sexo masculino[86], y son consideradas en algunos países «agentes significativos de la cadena delictiva del narcotráfico» y son «juzgadas bajo el imaginario del narcotraficante masculino, enemigo de la sociedad, no obstante que son los últimos eslabones del crimen organizado, víctimas de violencia y pobreza»[87].

En algunos países como México hay una gran representación de mujeres en prisión, especialmente por tráfico de drogas[88]. Esto pone de manifiesto que son muchas las mujeres correos de la droga las que llegan a España y son detenidas enfrentándose a penas sin la aplicación del estado de necesidad a pesar de existir dicha circunstancia, pero olvidándose la dificultad probatoria y las circunstancias en las que llegan.

---

84   *Ibidem.*

85   Carrillo Hernández, E., «¿Vinculadas al narco? Mujeres presas por delitos contra la salud», en *Desacatos,* núm. 38, 2012, p. 61.

86   Del Olmo, R., «Reclusión de mujeres...», *op. cit.*, p. 8.

87   Carrillo Hernández, E., «¿Vinculadas ...», *op. cit.,* p. 61.

88   *Ibidem,* p. 62.

Hay estudios de mujeres internas en centros penitenciarios que explican el perfil común existente entre las mismas: «mujeres desempleadas, con ingresos precarios, adultas jóvenes con hijos, baja escolaridad y con trayectorias familiares delictivas». Además, suelen provenir de barrios populares en los que «la droga era un elemento de vida cotidiana, visible y fácilmente identificable por los policías, que suelen ser parte de la misma comunidad. Este panorama no ocurre en otros estratos sociales en los que disminuye la probabilidad de que las mujeres lleguen a prisión»[89].

Hay mujeres que son «esclavas de sus difíciles condiciones vitales», siendo incluso «compelidas por dichas circunstancias a cometer delitos». Se habla de un «triple haz de desamparo victimal» alrededor de la mujer en riesgo de desviación[90]:

1. Un desamparo consecuencia de la situación de marginalidad socioeconómico del sujeto.

2. Un desamparo consecuencia de ser mujer, que se debe al desequilibrio y desigualdad entre hombres y mujeres, lo cual hace que disminuyan las oportunidades sociales.

3. Un desamparo en cuanto víctima del delito.

En el último punto, aunque si bien es cierto que en este trabajo se habla de la mujer como sujeto activo de un delito, no se puede olvidar que la mujer se presenta como víctima social de especial vulnerabilidad, es decir, se quiere poner de manifiesto cómo la mujer se puede llegar a ver atrapada en una situación delic-

---

89   *Ibidem,* p. 64.

90   Mapelli Caffarena, B., Herrera Moreno, M., y Sordi Stock, B., «La exclusión de las excluidas. ¿Atiende el sistema penitenciario a las necesidades de género?: Una visión andaluza», en *Estudios Penales y Criminológicos,* vol. 33, 2013, pp. 69 y 70.

tiva como única salida de su situación socioeconómica, con todas las consecuencias personales y sociales que la pobreza conlleva.

De ahí la importancia de tener presentes las trayectorias vitales e históricas de las mujeres que ejercen
como correos de la droga para transportar drogas de
un país a otro a pesar de poner en riesgo su salud, su
vida y su libertad. Como se ha remarcado y evidenciado
en este trabajo de investigación, la gran mayoría de personas pertenecientes al citado colectivo son personas
con un alto nivel de desigualdad social y sobre todo son
mujeres. Tener estos rasgos en cuenta deviene indispensable para conocer la magnitud y concreción de la
problemática, con miras a encontrar sus causas y posibles soluciones que permitan remitirla.

CAPÍTULO II

EL DELITO CONTRA LA SALUD PÚBLICA

«La pobreza extrema en cualquier lugar,
es una amenaza a la seguridad
humana en todos lados».

Koffi Annan

I.- Introducción

Todos los países aúnan fuerzas legislativas para encontrar las herramientas necesarias para solventar y hacer frente al tráfico de drogas. Para ello, como primera herramienta, acuden a la tipificación en sus respectivos códigos penales de las diferentes conductas entendidas delictivas y atribuirle a cada una de ellas una pena determinada[91]. Sin embargo, no siempre resultan suficientes para hacer frente de una manera efectiva a muchas situaciones en las que determinadas circunstancias específicas y personales del culpable requieren una atención especial como es el caso de los correos de la droga.

---

[91] Pardo Iranzo, V., «Delitos de tráfico ilícito de drogas y problemas entorno a su prueba en España», en *Revista de Direito Penal e Processo Penal*, vol. 1, núm. 2, 2019, p. 94.

En el caso del Estado español, el CP regula diferentes tipos delictivos con sus respectivas penas en relación con los delitos contra la salud pública por tráfico de drogas. En todo caso, como elemento fundamental para la verificación del delito es determinar, qué sustancia ha sido incautada, puesto que como indica el art. 368 CP debe tratarse de drogas ilegales, sustancias estupefacientes o psicotrópicas. Además de ello, debe concretarse la cantidad de droga que se incauta y también la pureza de la misma, ya que supone la imposición de una pena u otra. Ello es importante hasta el punto de que si la cantidad de droga incautada es para consumo propio puede no llegar a imponerse pena alguna[92].

En cualquier caso, el actual Capítulo III, del Título XVII (De los delitos contra la seguridad colectiva), del Libro II (Delitos y sus penas) del CP, es el encargado de tipificar los delitos contra la salud pública. En dicho capítulo se regulan los delitos relativos a las drogas tóxicas y a las sustancias estupefacientes y psicotrópicas, entre los cuales se contempla un tipo básico, algunos tipos agravados y otros atenuados.

La regulación existente actualmente en relación con los delitos relativos al tráfico de drogas se encuentra limitada por la política criminal que, en este ámbito, es fundamentalmente internacional, de carácter represiva, y facilita pocas alternativas de carácter social. Tampoco parece que vayan a existir próximamente cambios orientados a pensar en los colectivos sociales más necesitados, como las personas marginadas y débiles económicamente[93].

---

92   *Ibidem,* p. 109.

93   Muñoz Conde, M., *Derecho Penal. Parte Especial,* Tirant lo Blanch, Valencia, 2023, p. 688.

Asimismo, la norma penal se muestra compleja en su regulación cuando tipifica los delitos contra la salud pública, lo cual ha germinado una cantidad de jurisprudencia en muchos casos incluso contradictoria y condicionada a los supuestos concretos y sus circunstancias específicas, que prácticamente solo se pueden apoyar en principios dogmáticos básicos como la diferenciación entre algunas formas de autoría y participación. También encuentra su complejidad en el establecimiento exhaustivo de si se trata de droga para el mero consumo o si se trata de una tenencia con vocación de tráfico, lo cual es esencial ya que condicionará a que el caso sea delictivo o no. Del mismo, no hay claridad en cuándo se trata de una cantidad de notoria importancia o no, que será fundamental para establecer la pena, con una gravedad u otra.

En los apartados siguientes se hará un análisis del art. 368 del CP español, para alcanzar una mejor comprensión del tipo delictivo cometido por los correos de la droga, y así establecer un punto de partida penal para explicar después la aplicación de alguna circunstancia modificativa de la responsabilidad criminal.

II.- Bien jurídico protegido

Los bienes jurídicos protegidos «son aquellos presupuestos que, en opinión del derecho, la persona necesita tanto para su autorrealización como para el desarrollo de su personalidad»[94]. Además, un bien jurídico protegido hace alusión a condiciones sociales específicas que requiere tener una sociedad para su

---

94   Núñez Paz, M.A., y Guillén López, G., «Moderna revisión del delito de tráfico de drogas: estudio actual del art. 368 del Código Penal», en *Revista Penal,* núm. 22, 2008, p. 80.

subsistencia. De esta forma, los aludidos en primer lugar hacen referencia a los bienes jurídicos individuales y los segundos a los bienes jurídicos colectivos[95].

En el CP se encuentran tipos delictivos organizados de manera que se observan delitos que, por un lado, contravienen y agreden a bienes jurídicos protegidos de carácter individual como por ejemplo la vida y salud; y, por otro lado, bienes tipo que lesionan bienes jurídicos protegidos colectivos[96] como la salud pública[97]. Incluso hay quienes afirman que «el Derecho penal es la protección de bienes jurídicos», es decir, protegen aquellos bienes que resultan indispensables para la convivencia pacífica en sociedad y, es por ello que, merecen una protección por parte del poder coactivo del Estado que impone una pena a aquella persona que lesiona el bien en cuestión[98].

Por todo lo expuesto en los párrafos precedentes, la inexistencia de bien jurídico necesitado de una especial protección por parte del poder coactivo del Estado, hace vacía de contenido a una norma penal, ya que carecería de legitimidad[99].

Concretamente, respecto a la salud pública como bien jurídico protegido en el delito contra la salud pública que se viene analizando, cabe advertir que es «la salud pública, colectiva y comunitaria, amenazada por la difusión y el tráfico de drogas». Así, el hecho de

---

95   *Ibidem,* pp. 80 y 81.

96   *Ibidem.*

97   De La Cuesta, P.M., «Delitos de tráfico ilegal de personas, objetos o mercancías», en *Revista de Derecho Penal y Criminología,* núm. 9, 2013, p. 93.

98   Núñez Paz, M.A., y Guillén López, G., «Moderna revisión...», *op. cit.,* pp. 80 y 81.

99   *Ibidem.*

no respetar la salud colectiva supondrá la vulneración de la salud individual de una persona consumidora. De aquí deviene la dificultad de extraer el significado exacto del concepto de salud pública[100], en tanto no quedan claros los rasgos que la definen, hablándose de una «vaguedad intensional»[101]. Así, en el caso de la salud pública, deberá abordarse desde la perspectiva de la propia sociedad[102].

Realmente cuando el art. 368 del CP protege la salud pública, es decir, del conjunto de la ciudadanía, está protegiendo a su vez la salud individual. No obstante, no se pueden confundir una con otra. La primera se compone por la suma de la salud de todas las personas que componen la sociedad en sí, y la protección de la segunda, independiente de la otra, pues para menoscabar la salud pública no se requiere ni siquiera la afección de la salud individual, supone la protección de la salud de un individuo[103].

Como se expondrá en el capítulo correspondiente uno de los requisitos para la aplicación de la eximente de estado de necesidad es que el mal que se pretende evitar sea superior o igual entidad que la gravedad que entraña el delito cometido para evitarlo, por lo que habrá que poner sobre una balanza los dos bienes jurídicos en juego. Por tanto, hay que analizar en cada caso concreto la proporcionalidad.

---

100 *Ibidem.*

101 RÓDENAS, Á., «En la penumbra: indeterminación, derrotabilidad y aplicación judicial de normas», en *Repositorio Institucional de la Universidad de Alicante,* núm. 24, 2001, p. 67.

102 PELLEGRINI FILHO, A., «La violencia y la salud pública», en *Revista Panamericana de Salud Pública,* núm. 5, 1999, p. 221.

103 NÚÑEZ PAZ, M.A., y GUILLÉN LÓPEZ, G., «Moderna revisión...», *op. cit.,* p.84.

En el caso de los correos de la droga están enfrentados la salud pública como bien jurídico protegido en el delito de tráfico de drogas y en muchas ocasiones la vida humana de una persona que se encuentra enferma y el sujeto activo se ve obligado a cubrir esa necesidad. En este sentido, establece la sentencia dictada por la AP de Madrid, número 438/2008 de 23 de septiembre, que «respecto de la proporcionalidad del mal causado se ha establecido (STS de 8 de octubre de 1996) que si el mal que se pretende evitar es de superior o igual entidad que la gravedad que entraña el delito cometido para evitarlo, y no hay otro remedio humanamente aceptable, la eximente debe ser aplicada de modo completo; si esa balanza comparativa se inclina mínimamente en favor de la acción delictiva y se aprecian en el agente poderosas necesidades, la circunstancia modificativa debe aceptarse con carácter parcial (eximente incompleta); pero si ese escalón comparativo revela una diferencia muy apreciable, no puede ser aplicable en ninguna de sus modalidades».

Que el bien jurídico protegido en los delitos contra la salud pública por tráfico de drogas se desprende de la propia ubicación del tipo delictivo referido en el CP español. Sin embargo, como se ha expuesto con anterioridad, hay otros autores que disponen que el bien jurídico protegido es otro, asintiendo que hay una pluralidad de intereses protegidos. Parte de la doctrina defiende que además de la salud pública se protegen otros intereses como el «control estatal de las sustancias estupefacientes y psicotrópicas y las repercusiones que su consumo tiene en el orden económico, político, de seguridad ciudadana, etc». A estos últimos se les considera como bienes de segundo grado que se disponen en normativas de derecho interno, pero también en los convenios internacionales sobre la materia que han sido ratificados por España, como son la Convención Única de 1961, Convenio sobre uso de sustancias psicotrópicas de 1971, Convención contra el tráfico ilícito de estupefacientes y sustancias psicotrópicas 1988[104]. Estas normativas determinan las siguientes circunstancias[105]:

- La toxicomanía se representa como un mal grave para el individuo que supone, pero también conlleva un peligro social y económico para la sociedad.

- El consumo y uso indebido de sustancia psicotrópicas representan un problema sanitario y social.

- El tráfico ilegal de drogas constituye una amenaza grave para la salud de la ciudadanía y además supone una lesión a los pilares económicos, culturales y políticos.

Algunos autores entienden que los mencionados en último lugar, en el párrafo inmediatamente anterior, no son protegidos por el art. 368 del CP, y al hacerlo, están confundiendo los motivos políticos criminales con el bien jurídico protegido real[106].

En cualquier caso, y en palabras de PARDO IRANZO[107]:

> «La salud pública como bien jurídico protegido es una cuestión no exenta de polémica en la doctrina y jurisprudencia. Desde posiciones que unen a la salud pública otro bien jurídico, el de *sanidad pública* hasta quienes defienden que el calificativo de *pública* unido a *salud* no añade más que el hecho de incidir en que se trate de delitos que suponen un peligro para la co-

---

104 NÚÑEZ PAZ, M.A., y GUILLÉN LÓPEZ, G., «Moderna revisión del delito...», *op. cit.,* p.82.

105 *Ibidem.*

106 *Ibidem.*

107 PARDO IRANZO, V., «Delitos de tráfico...», *op. cit.,* p. 96.

lectividad —aunque propiamente se tutela la salud individual—, o aquellas otras posiciones que conciben la
salud pública como la suma de saludes individuales».

En definitiva, el legislador, con la tipificación del tráfico de drogas como delito, pretende proteger la salud
pública configurándolo además como un delito de
peligro o de riesgo abstracto o concreto.

III.- Objeto

En el art. 368 del CP se encuentra el tipo básico del
delito de tráfico de drogas y, previamente a la explicación de su conducta, se va a proceder a facilitar algunas anotaciones sobre el concepto de «drogas tóxicas,
estupefacientes o sustancias psicotrópicas».

En consonancia con las numerosas manifestaciones emitidas por la Organización Mundial de la Salud,
en adelante, OMS, expone MUÑOZ CONDE[108], que se
entiende por droga «la sustancia, natural o sintética,
cuya consumición repetida, en dosis diversas, provoca
en las personas:

1.º El deseo abrumador o necesidad de continuar consumiéndola (dependencia psíquica),

2.º La tendencia a aumentar la dosis (tolerancia),
y

3.º La dependencia física u orgánica de los efectos de la sustancia, que hace verdaderamente necesario su uso prolongado para evitar el síndrome
de abstinencia».

---

108   MUÑOZ CONDE, M., *Derecho...*, *op. cit.*, p. 688.

Se entiende que dicha definición es suficiente para el Derecho penal, puesto que el tráfico de drogas se encuentra dentro de los delitos contra la salud pública. No obstante, parte de la doctrina la considera insuficiente y argumenta que realmente el concepto de drogas tóxicas, estupefacientes o sustancias psicotrópicas debe estar determinado por los convenios internacionales que hayan sido ratificados por España, lo cual dificulta aún más «mantener de *lege lata* un concepto penal autónomo de droga». En definitiva, para el art. 368 del CP el concepto válido es aquel que se apoya también en normas concretas de carácter extrapenal que regulan dicho aspecto mediante la clarificación del contenido material del delito con base en dichas normativas[109]. Por tanto, el CP acude a otras normas hablándose así de normas penales en blanco[110].

A pesar de ello, con la propia normativa se evidencia la necesidad de contar con un concepto de drogas de carácter autónomo, puesto que es necesario para la aplicación de la Ley, interpretar qué sustancias son consideradas drogas que causan grave daño a la salud, en tanto que el propio tipo básico del art. 368 del CP se distingue en función de dicho criterio, lo cual no es establecido por las normas internacionales. Indudablemente no puede ser considerado de la misma magnitud una sustancia perteneciente a un grupo u otro, es decir, una sustancia que causa grave daño a la salud y aquella otra que no lo cause. No es lo mismo la nocividad del cannabis (marihuana) que los derivados del opio (heroína, morfina, etc.). De

---

109 *Ibidem.*

110 *Cfr.* MORRILLAS CUEVA, L., Sistema de Derecho Penal: Parte general. Fundamentos conceptuales y metodológicos del Derecho Penal. Ley Penal, Dykinson, Madrid, 2016.

este modo, es necesario recalcar que la nocividad de la droga conforma un elemento del tipo cuya determinación requiere de criterios de carácter médico y farmacológicos, pero no por remisión a normas internacionales como son los Convenios[111].

Para entender que hay objeto material del delito que se viene analizando, y saber si se trata de drogas que causan grave daño a la salud o no, la propia jurisprudencia indica unas dosis concretas que, por debajo de las mismas, se entiende que la nocividad es tan baja que no produciría perjuicio sobre la salud y, por ello, no se podría considerar que existe peligro alguno y no habría desvalor en la conducta «(*Cfr.* El Acuerdo del Pleno no jurisdiccional del TS de 19 de octubre de 2001 que, por ejemplo, establece como cantidades mínimas 0´66 mg de heroína, 50 mg de cocaína, 10 mg de hachís, 20 mcg de LSD, 20 mg de MDMA o 2 mg de morfina)»[112].

En su consecuencia, las «drogas tóxicas, estupefacientes o sustancias psicotrópicas» constituyen el objeto material del delito contra la salud pública por tráfico de drogas y, para conocer su contenido, habrá que atender a lo expuesto en los párrafos precedentes.

IV.- Conducta delictiva

El art. 368 del CP dispone:

«Los que ejecuten actos de cultivo, elaboración o tráfico, o de otro modo promuevan, favorezcan o faciliten el consumo ilegal de drogas tóxicas, estupefacientes o sustancias psicotrópicas, o las posean con aquellos fines, serán castigados con las penas de prisión de tres a

---

111 Muñoz Conde, M., *Derecho…, op. cit.,* pp. 688 y 689.

112 *Ibidem.*

seis años y multa del tanto al triplo del valor de la droga objeto del delito si se tratare de sustancias o productos que causen grave daño a la salud, y de prisión de uno a tres años y multa del tanto al duplo en los demás casos.

No obstante lo dispuesto en el párrafo anterior, los tribunales podrán imponer la pena inferior en grado a las señaladas en atención a la escasa entidad del hecho y a las circunstancias personales del culpable. No se podrá hacer uso de esta facultad si concurriere alguna de las circunstancias a que se hace referencia en los artículos 369 bis y 370».

El artículo del CP transcrito constituye el tipo básico del delito contra la salud pública de tráfico de drogas. En el caso que se viene tratando en este estudio de investigación, es decir, los correos de la droga, responden a la modalidad de «tráfico de drogas tóxicas, estupefacientes o sustancias psicotrópicas, o las posean con aquellos fines». De este modo, se señala el tráfico como conducta prohibida. Sin embargo, el CP no explica qué se entiende por tráfico de drogas.

Podría entenderse que el CP hace uso del mismo concepto de tráfico de drogas que utiliza el Código del Comercio, de forma que supondría una idea de mercantilidad, de habitualidad y lucro. Pero no se puede olvidar que el Derecho penal es una rama independiente del resto de ramas del ordenamiento jurídico. Por ello, el tráfico de drogas no debe entenderse en los mismos términos que utiliza el Código de Comercio[113].

La gran parte de la doctrina dispone que traficar con drogas supone «trasladar la droga a una o varias personas, aunque se realice a título gratuito: es la tras-

---

113   MOLINA PÉREZ, T., «El elemento objetivo y subjetivo en el delito de tráfico de drogas», en *Anuario Jurídico y Económico Escurialense,* núm. 38, 2005, p. 102.

lación del dominio o la posesión». En este sentido, el Tribunal Supremo, dentro de la conducta de tráfico de drogas, incluye también el cultivo y la elaboración de drogas, de forma que incorpora las etapas de cultivo y elaboración de aquella. No obstante, parte de la doctrina expone que realmente el cultivo o elaboración no equivale al propio tráfico de drogas, pues el mismo TS afirma que «traficar es trasladar el dominio o posesión de la droga». Así, el cultivo y elaboración constituyen actos de facilitación al consumo de droga, pero no se tiene que considerar tráfico[114].

La Convención de las Naciones Unidas contra el Tráfico ilícito de estupefacientes y sustancias psicotrópicas (1988) define el tráfico de drogas de una manera más específica y dispone que concurren en el tráfico ilegal aquellas personas que cometen los delitos contenidos en los párrafos primero y segundo del art. 3 del texto normativo referido. En dichos párrafos mencionados se indican las siguientes conductas: «producción, fabricación, extracción, preparación, la oferta, la oferta para la venta, la distribución, la venta, la entrega en cualesquiera condiciones, el corretaje, el envío en tránsito, el transporte, la importación o la exportación de cualquier estupefaciente o sustancia psicotrópica en contra de lo dispuesto en la Convención de 1961»[115].

Del mismo modo, las disposiciones contenidas en La Convención Única de Estupefacientes (1961) y el Convenio sobre Sustancia Psicotrópicas (1971) definen el tráfico de drogas como «el cultivo o cualquier tráfico ilícito de estupefacientes, contrarios a las dis-

---

114 *Ibidem,* p. 103.

115 Núñez Paz, M.A., y Guillén López, G., «Moderna revisión del delito...», *op. cit.,* p. 94.

posiciones de la presente Convención» (Art. 1.º, apdo. L) y «la fabricación y el tráfico de sustancias contrarias a las disposiciones del presente convenio» (Art. 1.j), respectivamente". Dichas definiciones ponen de manifiesto que también los precitados textos normativos extienden el contenido del concepto de tráfico de drogas al cultivo y a la elaboración[116].

Otros autores indican que dentro del concepto de tráfico de drogas del art. 368 del CP es posible incluir las acciones manifestadas en el art. 15 de la Ley de Estupefacientes de 8 de abril de 1967 que dispone[117]:

«Constituyen tráfico ilícito todas las operaciones de cultivo, adquisición, enajenación, importación, exportación, depósito, almacenamiento, transporte, distribución y tránsito de sustancias estupefacientes que sean realizadas contrariamente a las disposiciones de la presente Ley o con incumplimiento de los preceptos de la misma».

Lo que sí es cierto que tanto la doctrina como la jurisprudencia, en general incorporan dentro de lo que se entiende por tráfico de drogas a una serie de conductas de carácter heterogéneo que suponen el traslado de manera aislada de drogas o, incluso, la mera intención de transmitirla. De esta forma, se incluye cualquier tipo de acto que haga posible la difusión de drogas tóxicas, estupefacientes o psicotrópicas[118].

En definitiva, con la definición y concreción del contenido del concepto de tráfico de drogas, el presente estudio se basa en el tráfico de drogas en su modalidad de traslado estricto de drogas de un lugar a otro por parte del colectivo estudiado en este trabajo: los correos de la droga.

---

116 *Ibidem.*
117 *Ibidem,* pp. 94 y 95.
118 *Ibidem,* p. 95.

V.- Naturaleza jurídica

En cuanto a la naturaleza jurídica del delito de tráfico de drogas se debe advertir que una de las cualidades principales es que es un delito de peligro abstracto, es decir, basta con que exista el simple peligro del bien jurídico protegido, puesto que se adelanta la barrera de la protección a un estadio anterior, con la finalidad de proteger a la colectividad de un posible mal[119]. El peligro funciona a modo de *ratio legis* en dichos delitos de peligro abstracto, es decir, es el motivo que llevó al legislador penal a tipificar una conducta como delito[120]. En este caso concreto del tráfico de drogas se tiene presente la posibilidad de que la salud se vea lesionada por las conductas tipificadas como delitos contra la salud pública en su modalidad de tráfico de drogas[121].

También, como característica del delito que se viene analizando, hay que mencionar la consumación anticipada[122], es por ello que resulta complicado visionar una forma imperfecta de ejecución como la ejecución inacabada, que requiere la producción de un resultado, pero si bien es cierto que sí sería posible en casos por ejemplo de cultivo ya que necesita que concurra algo elaborado[123].

---

119 Núñez Paz, M.A., y Guillén López, G., «Moderna revisión del delito...», *op. cit.,* p. 95.

120 Cerezo Mir, J., «Los delitos de peligro abstracto en el ámbito del Derecho Penal de riesgo», en *Revista de Derecho Penal y Criminología,* núm. 10, 2002, p. 48.

121 Núñez Paz, M.A., y Guillén López, G., «Moderna revisión del delito...», *op. cit.,* p. 95.

122 Esquivias Jaramillo, J.I., «La coautoría en el tráfico de drogas», en *CEFLEGAL revista práctica de Derecho,* núm. 11, 2001, p. 190.

123 Núñez Paz, M.A., y Guillén López, G., «Moderna revisión del delito...», *op. cit.,* p. 88.

En este delito el bien jurídico protegido se ve lesionado por la transmisión de la droga tóxica de un lugar a otro hasta llevarla a un destinatario, pero con independencia de que la operación se haga a tipo oneroso o lucrativo, es decir, el desvalor de la acción no se encuentra en el ánimo de lucro de su autor, sino en la transmisión[124].

Se ha adelantado que se trata de un delito de peligro, concretamente de peligro abstracto en relación con el bien jurídico protegido de salud pública, puesto que se considera peligro la puesta a disposición de la ciudadanía la droga de manera indiscriminada. Así, se trata de un peligro abstracto de facilitación del consumo ilegal de drogas, de forma que el legislador penal lo que pretende con la tipificación del delito es proteger la salud pública evadiendo del peligro general para individuos indiscriminados, es decir, evitando el riesgo/peligro de difusión de la droga[125]. En resumen la aludida naturaleza del delito analizado se refleja en las consecuencias que se exponen a continuación[126]:

– La salud pública constituye un bien jurídico protegido que necesita la protección por parte del legislador penal, y así se refleja en el art. 368 del CP.

– La salud pública se compone por la salud de la de cada individuo, de forma que solo se verá lesionada en aquellas situaciones en las que verdaderamente exista un peligro para otros sujetos.

– Debido a que se trata de un delito de peligro y no de lesión, no es necesario que para la comisión del delito se identifiquen las personas específicas afectadas.

---

124   *Ibidem.*
125   *Ibidem.*
126   *Ibidem,* p. 89.

– En relación con la aplicación del art. 368 CP resulta indiferente si el daño causado a una persona determinada es grave o no lo es.

La sentencia dictada por la AP de Madrid, 887/2011 de 19 de septiembre, Rec. 59/2011 dispone, en relación con el delito contra la salud pública, que «se trata, en definitiva, de un delito de peligro o de riesgo abstracto o concreto que, por atacar a la salud colectiva y pública, se consuma con la simple amenaza que potencialmente supone, aunque sustancial y materialmente no se llegase a producir la realidad del daño ni se realizara ningún acto concreto de comercio ilícito».

En su consecuencia, se trata de un delito de peligro abstracto para el bien jurídico protegido de salud pública y, por tanto, basta con poner en peligro o riesgo el bien mencionado.

VI.- Consumación

Cuando se habla de consumación se hace alusión a la última etapa del *iter criminis* y se produce cuando se dan todos los elementos que requiere una conducta para que se cometa un tipo delictivo concreto. Será cuando se consuma el delito el momento a partir del cual concurre el mínimo de condiciones exigidas para que entren en juego las consecuencias jurídicas subsiguientes[127].

Aquí, en relación con el delito tipificado en el art. 368 del CP la doctrina mayoritaria entiende que para que se consume el delito sería suficiente que el sujeto poseyera con ánimo de tráfico la droga. Son habituales los supuestos en los que el destinatario de la droga

---

127 BORJA JIMÉNEZ, E., «La terminación del delito», en *Anuario de Derecho penal y Ciencias penales,* vol. 48, núm. 1, pp. 90 y 91.

ni siquiera llega a tenerla debido a la incitación de los Cuerpos y Fuerzas de Seguridad del Estado[128].

El TS se ha pronunciado a través de su jurisprudencia para establecer cuándo se entiende consumado el delito de tráfico de drogas y para ello deben concurrir los elementos siguientes[129]:

- «Disponibilidad de la droga o del hecho, de quedar ésta sujeta a la voluntad del destinatario, a través del Art. 438 del CC cuando reconoce el dominio funcional (quedar sujetos a la acción de nuestra voluntad), aunque no haya existido tráfico, ni haya posesión si la preordenación al tráfico es patente;

- Cuando ha existido cualquier actividad tendente a promover, favorecer o facilitar, y queda plasmada de una manera concreta suponga la conclusión del delito, el cual por ser de mera actividad se consume anticipadamente;

  • En los casos en que exista mediación consciente en cualesquiera que sean las formas de la misma, siempre que se esté favoreciendo, facilitando o promoviendo el vicio.

  • Esta teoría es además congruente con la civil, pues se entiende que carecería de sentido que la compraventa civil se estime perfeccionada por el simple acuerdo consensuado —Art. 1540 del CC— respecto a la cosa y el precio, aunque ni la una ni el otro hubieren sido entregados; y que, en cambio, se rechace la consumación de este delito contra la salud pública porque la droga no se hubiere traspasado real y efectivamente».

---

128 NÚÑEZ PAZ, M.A., y GUILLÉN LÓPEZ, G., «Moderna revisión del delito…», *op. cit.,* p. 107.

129 *Ibidem.*

Asimismo, el TS expone que no se necesita la tenencia de la droga para que se consume el delito de tráfico de drogas, porque lo que pretende es condenar a los grandes traficantes que dirigen la operación mediante por ejemplo llamadas telefónicas[130]. Esto pone de manifiesto que existe una mayor vulnerabilidad en el «negocio» para aquellos más desfavorecidos, como es el caso de los correos, que se ven en la práctica sometidos a elevadas penas de prisión y, sin embargo, los que tienen una mayor carga de culpabilidad difícilmente son detenidos.

→ ABC → **España**

El último eslabón en la cadena del narcotráfico y el que más riesgos corre

Figura 5: El último eslabón del narcotráfico. Fuente: ABC, [1 de enero de 2025]
https://www.abc.es/espana/

Por tanto, el último eslabón del narcotráfico, la cara visible del mismo, es aquel que corre más riesgo a pesar de ser castigado, incluso cuando ha obrado por un estado de necesidad.

→ ABC → Internacional

Las «mulas», el último eslabón de la cadena

Un total de 251 mexicanos cumplen condena en cárceles españolas por intentar traer droga a España

Figura 6: Los correos, la cara visible del narcotráfico. Fuente: ABC, [6 de diciembre de 2024] https://www.abc.es/internacional/abcp-ultimo-eslabon-ca-dena-201103060000_noticia.html

---

130   *Ibidem.*

Los correos, en su mayoría mujeres, representan el último eslabón del narcotráfico y los altos eslabones quedan en una situación de impunidad habitual debido a la mayor dificultad de detención y a la menor visibilidad de los mismos[131]. Estos últimos se aprovechan de la vulnerabilidad, pobreza y desigualdad social que en la mayoría de los casos hay entorno a los correos. En los procedimientos en los que estas personas son el eje central a pesar de ser el último eslabón, ni siquiera responden los altos traficantes como autores mediatos, a pesar de instrumentalizar a los correos.

VII.- Elemento subjetivo

El delito contra la salud pública por tráfico de drogas constituye un delito doloso, por lo que se hará mención exclusiva al dolo como parte subjetiva ya que es un delito intencional.

El dolo se compone por dos elementos, que son conocimiento y voluntad, es decir, un elemento cognitivo y otro volitivo. El primer elemento supone la conciencia por parte del sujeto activo de la totalidad de elementos que componen el tipo objetivo y, el segundo elemento, es decir, el volitivo, conlleva la voluntad e intención por parte del sujeto activo de realizar la conducta o la previsión de realizarla[132].

---

131 BENGOA VALDÉS, A., «La metáfora de la guerra: frontera, cuerpo, sujeción. Análisis preliminar de las políticas criminales en materia de control de drogas en el caso de la región de Arica y Parinacota», en *Revista Izquierdas,* núm. 49, 2020, p. 2836: «"eficiente" la persecución del llamado narcotráfico, opera en la práctica como una tecnología de impunidad para los eslabones más altos del narco negocio, quienes tienden a utilizar como cuerpo sacrificial a las personas más vulnerables que cruzan la frontera como *animales* de carga».

132 ROMEO CASABONA, C.M., «Sobre la estructura monista del dolo. Una visión crítica», en *Revista de Derecho y Ciencias Penales,* núm. 8, 2006, p. 68.

En el delito contra la salud pública por tráfico de drogas se precisa la voluntad del sujeto de ejecutar el delito, por tanto, no es posible la modalidad culposa. Además, en el delito tratado, el dolo, abarca el conocimiento del carácter nocivo de las drogas para la salud de una persona, y también la voluntad de llevar a cabo la conducta contenida en el art. 368 del CP, es decir, «el *animus* de cultivar, elaborar, traficar o promover, favorecer o facilitar el consumo ilegal de drogas». Por ello, en el caso de que la acción se realice para consumo propio se hablaría de la inexistencia del dolo[133].

Cabe añadir que en algunos casos resulta difícil diferenciar como consecuencia de las cantidades de drogas incautadas, puesto que a veces deviene complicado saber si la droga es para el propio consumo o se trata de una tenencia para el tráfico de drogas. Aún más complicado es en los casos en los que el consumidor es a la vez traficante, es decir, se habla del «camello» que trafica para poder consumir. Por ello, con el objetivo de evitar dicha confusión, cuando se trata de un caso de tráfico de drogas en los que la cantidad incautada no es muy elevada, se interpreta como tenencia para el consumo propio y, por tanto, es una conducta atípica. Sin embargo, no toda la doctrina está de acuerdo con ello[134].

Tampoco este delito está libre de dificultad probatoria, incluso se hace uso de la prueba indiciaria, puesto que en muchos de los casos de tráfico de drogas para poder acreditar el dolo y más concretamente basándose en los

---

133 Núñez Paz, M.A., y Guillén López, G., «Moderna revisión del delito...», *op. cit.,* p. *101.*

134 *Ibidem,* p. 102.

siguientes indicios (siempre que se constaten los requisitos exigidos para ello)[135]:

> «a) que los hechos base estén directamente acreditados;
>
> b) que el indicio no sea el único; c) que la inferencia sea correcta, de forma que no se incurra en la arbitrariedad proscrita por el Art. 9.3 CE, y
>
> d) que cumpliendo lo establecido en el Art. 120.3 CE, el Tribunal exponga los hitos principales del curso lógico».

Esto se debe a que la prueba indiciaria es suficiente para enervar la presunción de inocencia. Así lo establece tanto el Tribunal Constitucional español, en adelante TC, como el TS, estableciendo ambos los requisitos necesarios para que pueda ser válida. Como requisitos indica el TC[136]:

> «1. Los hechos, hechos-base o indicios, deberán estar plenamente probados con prueba directa;
>
> 2. Los hechos consecuencia, que son los que constituyen los elementos típicos del delito y la participación en el mismo por el acusado, se determinen precisamente de esos hechos base;
>
> 3. La inferencia que lleve de los primeros hechos a los segundos debe quedar expresamente exteriorizada en la sentencia para comprobar su razonabilidad;
>
> 4. Dicha razonabilidad debe basarse en las reglas del criterio humano o en las reglas de la experiencia común. Los indicios deben interpretarse de manera global y valorarse la totalidad de indicios como un todo, que de forma natural converge en una dirección, interactuando los unos con los otros».

---

135 *Ibidem.*

136 SERRATA, J., «Prueba indiciaria en el proceso penal: requisitos frente al principio de presunción de inocencia», en *Revista Dominicana de Ciencias Jurídicas,* núm. 5, 2017, pp. 181 y 182.

Del mismo modo el TS español establece cuáles son los elementos para que la prueba indiciaria sea válida[137]:

«1) pluralidad de indicios o excepcionalmente un único indicio de singular potencia acreditativa;

2) los hechos-base estén acreditados por prueba directa;

3) necesidad de que los indicios sean concomitantes o periféricos al hecho a probar;

4) exigencia de interrelación existente entre los indicios;

5) racionalidad de la inferencia; y,

6) la sentencia debe explicar cómo se ha llegado a la conclusión acerca de la responsabilidad penal del imputado».

Así, y volviendo al tipo objeto de este estudio, el TS considera suficientes para la constatación del elemento subjetivo del tráfico de drogas los siguientes[138]:

«Cantidad de droga incautada, pureza del tóxico, sustancias adulterantes, drogodependencia, dinero ocupado, instrumentos auxiliares para la manipulación del estupefaciente encontrados junto con la sustancia, lugar de ocultación, viajes sin motivos aparentes donde habitualmente suelen adquirirse partidas de droga, investigaciones policiales previas (informaciones recibidas sobre la posibilidad de que el inculpado se dedicara al tráfico de drogas, antecedentes y circunstancias del inculpado».

En cualquier caso, se debe concluir que el delito de tráfico de drogas es un tipo doloso, al concurrir los dos elementos en el acto delictivo por parte del sujeto activo y la práctica judicial acude a la prueba indiciaria cuando así se requiere para poder condena por un delito del art. 368 del CP.

---

137   *Ibidem,* p. 182.

138   NÚÑEZ PAZ, M.A., y GUILLÉN LÓPEZ, G., «Moderna revisión del delito...», *op. cit.,* p. 102.

VIII.- Autoría y complicidad

El tipo básico recogido en el art. 368 del CP presenta unos términos que a simple vista lo convierten en un tipo muy extenso, lo cual da cabida a la consideración de una infinidad de conductas dentro del mismo.

Es por ello que se consideran como posibles sujetos activos a todos aquellos que de algún modo participen con actos de cultivo, fabricación o tráfico o que «de otro modo, promuevan, favorezcan o faciliten el consumo ilegal de drogas tóxicas, estupefacientes o sustancias psicotrópicas, o las posean con aquellos fines». De tal forma, en virtud del concepto unitario de autor desprendido del art. 368 del CP, será considerado autor todo aquel que contribuya de alguna forma a la realización del delito[139].

No obstante, cabe recordar que al igual que el art. 28 del CP extiende la consideración de autor a los inductores y a los cooperadores necesarios, y el TS considera autor al intermediario y al donante, nada obsta para apreciar «complicidad en casos de cooperación no necesaria (art. 29 del CP) tales como indicar dónde se puede adquirir droga o prestar dinero para conseguirla». El problema se encontrará en la distinción entre cooperación necesaria y complicidad[140].

IX.- Penalidad

Con respecto a las consecuencias jurídicas del delito contra la salud pública por tráfico de drogas, el art. 368 del CP expone:

> «(...) serán castigados con las penas de prisión de tres a seis años y multa del tanto al triplo del valor de

---

139   Muñoz Conde, M., *Derecho..., op. cit.,* pp. 694 y 695.

140   *Ibidem,* p. 695.

la droga objeto del delito si se tratare de sustancias o productos que causen grave daño a la salud, y de prisión de uno a tres años y multa del tanto al duplo en los demás casos».

A dichas penas se enfrentan los correos de la droga, lo cual es correcto debido a que es lo previsto en el CP y, por respeto al principio de legalidad, pero cuando concurren los requisitos exigidos debe aplicarse la circunstancia modificativa de la responsabilidad criminal que proceda.

Con las penas previstas se observa que se trata de un delito grave que, como se ha expuesto, afecta tanto a la salud pública, como a la seguridad ciudadana. Asimismo, el tipo de pena puede variar en función del tipo de sustancia incautada, la cantidad, el contexto del delito, u otras circunstancias.

En relación con la clasificación de las drogas, se debe destacar que las categorías se conforman en virtud de la peligrosidad y potencial adictivo de la misma. La Ley de Seguridad Ciudadana[141], en adelante LSC, diferencia cuatro tipos de categorías: «drogas que causan grave daño a la salud, drogas que pueden causar daño a la salud, drogas que pueden generar dependencia y drogas que no están incluidas en las categorías anteriores».

El CP, a su vez, diferencia las drogas que causan un grave daño a la salud, como la heroína la cocaína o las anfetaminas, del resto de sustancias, como el cannabis. En consecuencia, la clasificación de las drogas, se

---

141 Ley Orgánica 4/2015, de 30 de marzo, de protección de la seguridad ciudadana.

encuentra en diversas normativas, puesto que además de las dos aludidas, también se clasifican en la Ley de Prevención del Blanqueo de Capitales, en adelante LPBC. Esto último se debe a su relación con el tráfico de drogas, puesto que el blanqueo de capitales supone en otorgarle una forma lícita a unos recursos obtenidos de manera ilícita[142], y es algo muy habitual en el delito contra la salud pública.

En la tabla siguiente se pueden observar las diferentes penas en casos de tráfico de drogas:

Tabla 1: Penas de delitos contra la salud pública (tráfico de drogas).

Ejes	Dimensiones	Aspectos
Económico	Participación en la producción	Exclusión de la relación salarial normalizada
	Participación en el consumo	Pobreza económica
		Privación
Política	Ciudadanía política	Acceso efectivo a los derechos políticos
		Abstencionismo y pasividad política
	Ciudadanía social	Acceso limitado a los sistemas de protección social: sanidad, vivienda y educación
Social (relacional)	Ausencia de lazos sociales	Aislamiento social, falta de apoyos sociales
	Relaciones sociales «perversas»	Integración en redes sociales «desviadas»
		Conflictividad social (conductas anómicas) y familiar (violencia doméstica)

Fuente: MINISTERIO DE SANIDAD, [20 de diciembre de 2024] https://pnsd.sanidad.gob.es/ciudadanos/legislacion/delitos/home.htm

---

142 CLAVIJO SUNTURA, J.H., *La prevención de blanqueo de capitales. Un análisis teórico-práctico,* Bosh Editor, Barcelona, 2022, p. 41.

Se debe recalcar que la simple posesión de drogas no es constitutiva de delito. Sí lo será en aquellos casos en los que la droga se tiene para destinarla al tráfico. La LSC establece diversas sanciones administrativas que pueden ser graves o muy graves, con la imposición de multas de 601 hasta 30.000 euros por[143]:

– Consumo y poseer drogas tóxicas, estupefacientes o sustancias psicotrópicas, con independencia de que no estén destinadas al tráfico, en lugares, vías, establecimientos públicos o transportes colectivos. También dejar abandonados instrumentos o herramientas que se utilicen para ello en alguno de los lugares indicados. Cuando los infractores en materia de consumo o tenencia sean menores de edad, la sanción de multa podrá suspenderse, primero y extinguirse, después, si ellos mismos de manera voluntaria asisten a tratamientos de o rehabilitación, si resulta necesario, o a actividades de reeducación, y siempre y cuando no lo abandonen.

– Trasladar a personas, en algún tipo de vehículo, de un lugar a otro para que puedan acceder a drogas tóxicas, estupefacientes o sustancias psicotrópicas, siempre que no constituya delito.

– Llevar a cabo actos de plantación y de cultivo de drogas tóxicas, estupefacientes o sustancias psicotrópicas en sitios que sean visibles al público, cuando no sean constitutivos de infracción penal.

– Permitir por parte de propietarios, administradores o encargados de los establecimientos públicos el consumo ilegal o el tráfico de drogas tóxicas, estupefacientes o sustancias psicotrópicas en sus locales o bien falta de diligencia para impedirlo.

---

143 MINISTERIO DE SANIDAD, [24 de diciembre de 2024] https://pnsd.sanidad.gob.es/ciudadanos/legislacion/delitos/home.htm

Además de las penas previstas en el CP, el tráfico de drogas también puede encontrar su consecuencia jurídica en la LPBC, ya que se trata de una normativa cuya finalidad es prevenir el «lavado de dinero» que provenga de la realización de actividades delictivas, como por ejemplo a través del narcotráfico. Por ello, conforme a la citada legislación, se pueden ver enfrentados a penas de hasta seis años y multas superiores al millón de euros.

En definitiva, los correos, colectivo objeto de estudio en este trabajo, se enfrentan a duras penas, en consonancia con lo previsto en las diferentes normativas, pero se pretende recalcar la importancia de analizar las circunstancias personales, como el contexto social y familiar de los sujetos, para aplicar la pena de una manera proporcionada y justa, además de hacer un uso correcto de las herramientas penales existentes, como son las circunstancias modificativas de la responsabilidad criminal.

Además de ello, cabe recordar que en la gran mayoría de los casos se trata de personas que proceden de países con una dimensión de pobreza muy marcada, como es el caso de países de América Latina, es decir, la dimensión de la pobreza está muy agudizada[144].

X.- Conclusiones

El delito de tráfico de drogas se encuentra tipificado en el art. 368 del CP y es considerado, en virtud de la gravedad de los delitos, un delito grave, es por ello que las personas que cometen el precitado tipo delictivo se enfrentan a penas bastante duras.

---

144 ALTIMIR, O., *Dimensión de la pobreza en América Latina,* Cuadernos de la CEPAL, 1979, p. 60.

El legislador penal tiene como finalidad con la tipificación de este delito proteger la salud pública, y, por ende, la salud individual de las personas; pero también se quiere dar protección a la seguridad ciudadana y hacer posible así la convivencia pacífica en sociedad.

Cuando se habla de correos en este ámbito, se está haciendo alusión a personas que cometen un delito contra la salud pública por tráfico de drogas, es decir, por trasladar drogas de un lugar a otro, pero sin olvidar que constituyen el último eslabón de la cadena, con mayor visibilidad que los altos eslabones que, a pesar de tener un mayor control de la actuación, quedan habitualmente impunes.

Asimismo, y en consonancia con lo anterior, cabe recordar que detener a los altos eslabones de la operación, de la cadena del narcotráfico, conlleva un mayor esfuerzo, dificultad y tiempo para los Cuerpos y Fuerzas de Seguridad del Estado. Sin embargo, los correos, como sujetos más débiles y vulnerables de la cadena, que actúan en muchos casos por necesidad y por sus circunstancias personales, se enfrentan a duras penas privativas de libertad.

CAPÍTULO III
LA POBREZA COMO ESTADO DE NECESIDAD

«La conciencia del pobre es limpia; sin embargo, se siente avergonzado. Se siente apartado de los demás, andando a tientas en la oscuridad. La humanidad no se ocupa de él. Callejea y vagabundea sin que nadie se ocupe de él. En medio de la multitud, en la iglesia o en el mercado, se encuentra tan a oscuras como en una cueva o en un desván. No le censuran ni reprueban sus actos; lo que ocurre es que nadie repara en él. (…) Ser totalmente ignorado, y saberlo, es intolerable. Si Crusoe hubiera tenido a su disposición la biblioteca de Alejandría y la certeza de que nunca iba a ver a otro hombre, ¿habría ojeado nunca un libro?»

Enrique Heine

I.- Pobreza

«Si la miseria de la gente pobre no es causada por las leyes de la naturaleza, sino por nuestras instituciones, grande es nuestro pecado».

Charles Darwin

1. Aspectos generales

La pobreza, entendida, de manera muy genérica, como la ausencia de recursos económicos, también puede ser analizada, siguiendo a SEN[145], como la falta

---

145   Cortina Orts, A. y Pereira, D., *Pobreza y libertad. Erradicar la pobreza*

de libertad. Concretamente, define la pobreza como «la falta de libertad para llevar adelante los planes de vida que una persona tiene razone para valorar: es pobre quien no puede desarrollar los proyectos vitales que podría desear razonablemente»[146].

La Asamblea General de las Naciones Unidas proclamó en el año 2000 los llamados Objetivos de Desarrollo Sostenible (en adelante ODS), que fueron ratificados en el año 2005. Entre los diecisiete ODS, el primero de ellos tiene como finalidad poner fin a la pobreza[147] y el segundo terminar con el hambre en el mundo[148], que aunque si bien es cierto que todos son importantes, los dos mencionados lo son especialmente.

Así, para poder hablar de plena libertad del ser humano, será necesaria la previa erradicación de la pobreza. De esta forma, las personas podrán construir su vida de una manera plena pero, sobre todo, cubrir primero todas sus necesidades más básicas.

---

desde el enfoque de Amartya Sen, Tecnos, Madrid, 2009.

146 *Ibidem.*

147 UNDP, [25 de noviembre de 2024] https://www.undp.org/es/sustainable-development-goals/fin-pobreza: «Los Objetivos de Desarrollo Sostenible constituyen un compromiso audaz para poner fin a la pobreza en todas sus formas y dimensiones para 2030. Esto requiere enfocarse en los más vulnerables, aumentar el acceso a los recursos y servicios básicos y apoyar a las comunidades afectadas por conflictos y desastres relacionados con el clima»

148 UNDP, [15 de diciembre de 2024] https://www.undp.org/es/sustainable-development-goals/hambre-cero: «Los Objetivos de Desarrollo Sostenible buscan terminar con todas las formas de hambre y desnutrición para 2030 y velar por el acceso de todas las personas, en especial los niños, a una alimentación suficiente y nutritiva durante todo el año. Esta tarea implica promover prácticas agrícolas sostenibles a través del apoyo a los pequeños agricultores y el acceso igualitario a la tierra, la tecnología y los mercados. Además, se requiere el fomento de la cooperación internacional para asegurar la inversión en la infraestructura y la tecnología necesaria para mejorar la productividad agrícola».

Ante todo lo expuesto con anterioridad, cabe reflexionar sobre la existencia de libertad en los correos de la droga. Indudablemente, una persona pobre no es libre para diseñar su proyecto de vida dentro de sus inclinaciones y preferencias, por lo que hará todo lo posible para alcanzar dicha libertad, aunque sea de manera parcial.

En este sentido, cabe traer a colación la Pirámide de Maslow o jerarquía de las necesidades humanas, propuesta por Abraham MASLOW, que constituye una teoría psicológica que defiende «conforme se satisfacen las necesidades más básicas (parte inferior de la pirámide), los seres humanos desarrollan necesidades y deseos más elevados (parte superior de la pirámide)»[149].

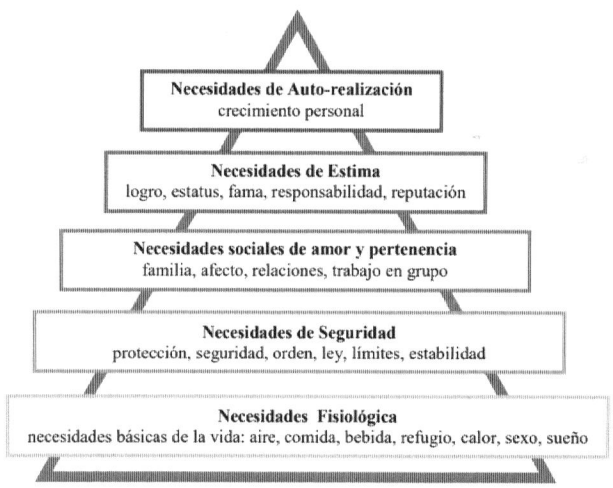

Figura 7: Pirámide de Maslow. Fuente: Quintero Angarita, J.F., «Teoría de las Necesidades de Maslow», en http://doctorado.josequintero.net/ 2007

---

149   MASLOW, A. (1943). Pirámide de Maslow: La jerarquía de las necesidades humanas, 1943. PSICOLOGÍA Y MENTE, [10 de octubre de 2024] https://psicologiaymente.net/psicologia/piramide-de-maslow#!

Con esta teoría, por tanto, se establece que las necesidades que se encuentran en una posición más alta de la pirámide, solo podrán ser perseguidas y satisfechas una vez que se cubran las necesidades inferiores de la pirámide. De este modo, siguiendo la pirámide que se observa con anterioridad, una persona primero intentará cubrir las necesidades fisiológicas, como la alimentación. Una vez cubiertas, entonces se perseguirá la satisfacción de las necesidades de seguridad y protección, como por ejemplo la seguridad de empleo o la seguridad moral o familiar. Del mismo modo, una vez que se hayan cubierto las últimas necesidades mencionadas, será cuando se escale en la pirámide y se persigan las necesidades sociales de afiliación y protección, y así sucesivamente.

Pero cabe plantearse: ¿existe un concepto único de pobreza? ¿quién puede ser considerado pobre y quién no? ¿es lo mismo ser pobre en un país rico que ser pobre en un país pobre? Múltiples cuestiones pueden platearse ante un concepto multidimensional y de gran ambigüedad.

Para ello, es necesario dilucidar qué es pobreza entendida en términos absolutos (en relación con el umbral de renta) y qué es la pobreza entendida en términos relativos (es decir, comparándola con el nivel de renta de otra persona u otro colectivo de personas).

Los correos de la droga ante situaciones de precariedad, pobreza y necesidad, se ven obligados en muchas ocasiones a delinquir por necesidad, por lo que se plantea la aplicación en dichos casos de la eximente de estado de necesidad, tal y como se analizará en el apartado correspondiente. La primera hace referencia a la situación de pobreza de aquella persona que no puede cubrir sus necesidades más básicas, como son el vestido o la alimentación. Esto se medirá dependiendo de la realidad socioeconómica del país concreto[150]. Por tanto, se trata de una persona que, conforme a la pirámide de Maslow, no podría pasar al segundo nivel (necesidades de seguridad). La segunda alude a la posición de desventaja económica en la que se encuentra una persona en relación con las personas de su alrededor. Por ello, una persona pobre de un país desarrollado podría ser considerado rico en un país subdesarrollado[151].

En la Unión Europea la pobreza se mide en términos de pobreza relativa, puesto que se basa en el porcentaje de personas que se encuentran por debajo del umbral de la pobreza que, concretamente, es el 60 % de la media de los ingresos individuales. El procedimiento que se sigue para establecer dicha tasa es el siguiente[152]:

> «La cuantificación de los ingresos netos anuales de cada hogar.
>
> El cálculo del ingreso por unidad de consumo equivalente, con objeto de tener en cuenta las economías de escala en el consumo (se considera que cuando se amplía el número de miembros de un hogar no es necesario que los ingresos aumenten en igual de proporción para mantener el mismo nivel de consumo individual). El método utilizado atribuye un peso de 1 al primer adulto, de 0,5 a los demás adultos y de 0,3 a los menores de 14 años. Así, un hogar integrado por un matrimonio, un hijo de 16 años y otro de 12 se consideraría equivalente, a efectos estadísticos de unidades de consumo, a 2,3 personas.
>
> Una vez calculados los ingresos individuales, se or-

---

150 Domínguez Martínez, J.M., «Tiempos de desigualdad: cuestiones básicas para el análisis económico», en *Extoikos,* núm. 13, 2014, p. 5.

151 *Ibidem.*

152 *Ibidem*, p. 6.

denan según magnitud, de menor a mayor importe, y se determina cuál es la mediana, es decir, el valor que deja la mitad de los individuos por debajo de esa referencia y la otra mitad de los individuos por debajo de esa referencia y la otra mitad por encima.

Finalmente, se computan aquellos individuos cuyos ingresos sean inferiores al 60 % de la referida mediana».

Además, la pobreza tendrá que ser evaluada y cuantificada comparando la situación de la persona pobre dentro de la sociedad en la que se desarrolla. Hay que tener en cuenta que la pobreza trae consigo marginación, exclusión social, soledad, discriminación, entre otros tipos de aislamientos sociales[153].

2. Exclusión social

«El ser humano construye demasiados muros y pocos puentes».

Isaac Asimov

En muchas ocasiones se tiende a confundir los términos de «pobreza» y «exclusión social» llegando a tratarlos como conceptos idénticos, a pesar de que realmente se tratan diferentes, aunque si bien es cierto que la noción de exclusión social nació asociada a la marginalidad y la pobreza[154]. La sociología y la política social muestran su interés por delimitar la exclusión social para identificar a las personas que conforman el colectivo, puesto que se trata un concepto más dinámico que el de pobreza[155].

---

153 RODRÍGUEZ MOLINA, J., «La pobreza como marginación y delitos», en *Gazeta de Antropología,* núm. 19, 2003, p. 1.

154 SILVA SÁNCHEZ, J.M., «Los indeseados como enemigos. La exclusión de seres humanos del *status personae*», en *Revista Electrónica de Ciencia Penal y Criminología,* núm. 1, 2007, p. 3.

155 BUSTOS RUBIO, M., *Aporofobia y delito. La discriminación socioeconómica como agravante (art. 22,4.ª CP),* Bosh Editor, Madrid, 2020, p. 30.

Sin embargo, no resulta una tarea fácil, pues dependerá de diversos factores o incluso del país del que se trate. Con la delimitación pretendida, se podrán eliminar las ambigüedades e inconsistencias de su uso incorrecto. Así, «a nivel europeo aún se puede mantener la definición dada por Room, primer coordinador del Observatorio de Políticas Nacionales de Lucha contra la Exclusión Social, cuando señaló que las personas sufren exclusión social cuando a) sufren desventajas generalizadas en términos de educación, habilidades, empleo, vivienda, recursos financieros, etc.; b) sus oportunidades de obtener acceso a las principales instituciones que distribuyen esas oportunidades de vida son sustancialmente menores que las del resto de la población; c) esas desventajas y accesos disminuidos persisten a lo largo del tiempo»[156].

El concepto de pobreza responde a características de carácter económico, por lo que no tiene en consideración otras características que sí engloban la exclusión social, como puede ser la posibilidad de acceso a instituciones o los derechos subjetivos de carácter asistencial o prestacional. Así, la exclusión social alude a «aquellos procesos y/o situaciones que impiden la satisfacción de necesidades básicas del individuo, en una sociedad en la que debe aún imperar un Estado de Bienestar[157] e, incluso, pone en duda su condición de ciudadanos[158], puesto que "la exclusión absoluta implica la negación de la condición de persona del sujeto afectado"[159]. Además, "la pobreza y la vulnerabilidad son las principales causas del silencio y la

---

156 *Ibidem*, pp. 32 y 33.

157 *Ibidem*, pp. 33 y 34.

158 CABRERA CABRERA, P.J., «Exclusión social: contextos para un concepto», en *Revista de Treball Social,* núm. 180, 2007, p- 9.

159 SILVA SÁNCHEZ, J.M., «Los indeseados...», *op. cit.,* p. 3.

ausencia de expresión de las personas más desfavorecidas, contribuyendo al olvido social y a la extirpación
de la ciudadanía"»[160]. Esta relación entre el Estado de
Bienestar y la ciudadanía deviene de la necesidad de
plantear alternativas sociales para las personas con el
fin de que puedan tener un nivel de vida óptimo y que
les permitan el desarrollo de las capacidades humanas, ante las cuales cabe destacar la participación, es
decir, poder participar en la vida de la comunidad a la
cual pertenece[161].

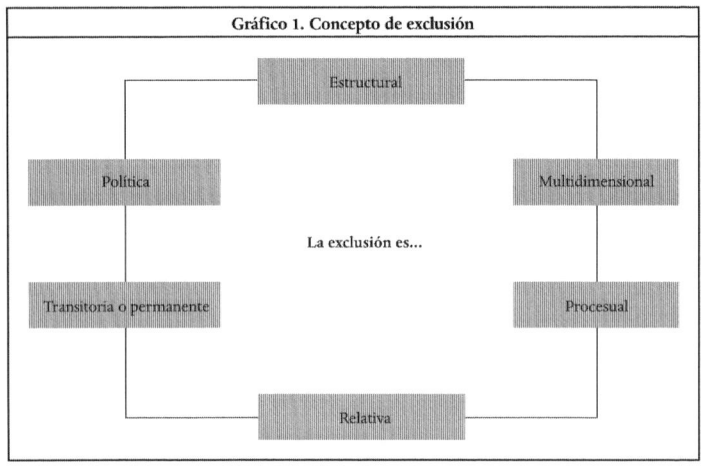

Figura 8: Concepto de exclusión social. Fuente: MORIÑA DÍEZ, A., *La exclusión
social: análisis y propuestas para su prevención,* Estudios de progreso.
Fundación alternativas, Madrid, 2007, p. 13.

En definitiva, el término de exclusión social no es
sinónimo de pobreza, pues el primero es multidimensional y el segundo es unidimensional que estricta-

---

160   BARRAGÁN LÓPEZ, M., «Aporofobia: un contraste entre odio y ausencia
de expresión», en MARTÍN-HERRERA, D., *La libertad de expresión desde
un enfoque global y transversal en la era de los objetivos de desarrollo
sostenible,* Aranzadi, Pamplona, 2022, p. 394.

161   PASTOR SELLER, E., «Participación en contextos...», *op. cit.,* p. 2.

mente se refiere a la situación económica de carácter limitado de una persona que le impide una capacidad económica óptima que le permita vivir en sociedad[162]. Por tanto, «la exclusión social debe estudiarse en su multidimensionalidad, atendiendo a cada uno de estos procesos por separado»[163].

CUADRO 3.2. Los tres ejes de la exclusión social		
Ejes	Dimensiones	Aspectos
Económico	Participación en la producción	Exclusión de la relación salarial normalizada
	Participación en el consumo	Pobreza económica Privación
Político	Ciudadanía política	Acceso efectivo a los derechos políticos Abstencionismo y pasividad política
	Ciudadanía social	Acceso limitado a los sistemas de protección social: sanidad, vivienda y educación
Social (relacional)	Ausencia de lazos sociales	Aislamiento social, falta de apoyos sociales
	Relaciones sociales «perversas»	Integración en redes sociales «desviadas» Conflictividad social (conductas anómicas) y familiar (violencia doméstica)

Figura 9: Los tres ejes de la exclusión social. Fuente: LAPARRA, M. y PÉREZ, B., «La exclusión social...», *op. cit.,* p. 54.

Además, respecto a la exclusión social, cabe destacar que no solo es multidimensional, sino que también es[164]:

1. Estructural: las causas de la exclusión social son estructurales en tanto que aquella representa el resultado de la estructura social, política, cultural y económica que envuelve a una persona determinada. Por tanto, son las propias instituciones

---

162 BUSTOS RUBIO, M., *Aporofobia ..., op. cit.,* p. 34.

163 LAPARRA, M. y PÉREZ, B., «La exclusión social en España: un espacio diverso y disperso en intensa transformación», en *Conclusiones del VI Informe sobre exclusión social y desarrollo social en España,* Fundación Foessa, Madrid, 2008, p. 53.

164 MORIÑA DÍEZ, A., *La exclusión social: análisis y propuestas para su prevención,* Estudios de progreso. Fundación alternativas, Madrid, 2007, pp. 13-16.

económicas, educativas o eclesiásticas las que causan la exclusión social. Por ello, se puede hablar de una exclusión social institucional[165].

2. Un proceso: «la exclusión social es un proceso y no un estado», es decir, se pueden encontrar diversas fases dentro del proceso de exclusión social, lo cual conllevará a etapas sociales diferentes que pueden determinarse, según CASTEL, en tres zonas:

- «Integración: en esta zona se pueden situar aquellas personas que tienen un trabajo regular y círculos sociales y familiares bastante fuertes.

- Vulnerabilidad: las personas que están incluidas en la zona de vulnerabilidad suelen tener un trabajo precario y situaciones relacionales inestables.

- Exclusión: en esta zona las personas carecen de trabajo y las redes sociales y familiares son inexistentes».

3. Relativa: que la exclusión social es relativa quiere decir que para determinar si una persona concreta está excluida socialmente, habrá que hacer una comparativa con el contexto de la sociedad a la que pertenece, puesto que habrá que comparar sus circunstancias con las de su entorno.

4. Transitoria o permanente: la exclusión puede ser considerada un «círculo vicioso» cuyos efectos sociales atrapan a una persona dentro de un proceso de exclusión social. Por ello, los hijos de una persona que pertenece a un hogar con

---

165 CAL BARREDO, M.L. y MARTÍNEZ MONJE, P. M., «Barrios con privación y exclusión social. Estructura de oportunidades y aislamiento institucional», en *Zainak,* núm. 32, 2009, p. 877.

serias dificultades económicas y que vive bajo el umbral de la pobreza, tendrán más dificultad para poner fin a su situación de precariedad. Dentro de dicho círculo vicioso la exclusión se convierte en un proceso permanente debido a su dificultad de salida. No obstante, también la exclusión puede ser sobrevenida o transitoria, es decir, reversible.

5. Una cuestión política: Debido al carácter estructural de la exclusión social se pueden diseñar políticas estratégicas que aborden la problemática a través de prácticas de inclusión. Así, serán necesarias políticas eficaces que ataje el problema de las personas excluidas y, por ende, víctimas sociales.

Dentro de las personas excluidas socialmente se pueden encontrar otros colectivos que tienen un mayor riesgo de exclusión y, por tanto, una mayor vulnerabilidad. Entre aquellos se pueden destacar doce[166]: «personas mayores, personas con discapacidad, infancia y familias en situación o riesgo de exclusión, personas drogodependientes, enfermos de sida, población inmigrante, solicitantes de asilo, población reclusa, colectivo gitano, mujeres en situación o riesgo de exclusión y personas sin hogar».

3. Desigualdad económica y social

«Dicho sin rodeos, una economía capitalista de mercado en pleno desarrollo debe decidir el grado de desigualdad social que puede tolerar. Cada país debe, por decirlo así, determinar su propio coeficiente de Gini óptimo».

El Informe Lugano II

---

166 MORIÑA DÍEZ, A., *La exclusión social..., op.cit.*, p. 17.

La desigualdad[167] constituye una característica intrínseca de la sociedad, la cual está distribuida y conformada entorno al mercado, a pesar de que contradictoriamente una desigualdad muy marcada deterioraría los cimientos de la sociedad. Indudablemente, la desigualdad es una preocupación genérica de la sociedad, sin embargo, hay una dificultad para combatirla, debido a la propia magnitud de la problemática y también del estudio y análisis de las posibles vías de solución[168].

La pobreza ataña al mundo entero, pero no a todos por igual. Incluso Stiglitz en su obra «El precio de la desigualdad» expone su lema de que «el 1 % de la población tiene lo que el 99 % necesita» y conforma la siguiente tesis[169]:

> «Aunque pueda que intervengan fuerzas económicas subyacentes, la política ha condicionado el mercado, y lo ha condicionado de forma que favorezca a los de arriba a expensas de los demás. Cualquier sistema económico debe tener reglas y normativas; tiene que funcionar dentro de un marco jurídico. Hay muchos marcos distintos, y cada uno de ellos tiene consecuencias para la distribución de la riqueza, así como para el crecimiento, para la eficiencia y para la estabilidad. La élite económica ha presionado para lograr un marco que le beneficia, a expensas de los demás, pero se trata de un sistema económico que no es ni eficiente ni justo».

---

167 VITE PÉREZ, M.A., «Estado, globalización y exclusión social», en *Política y cultura,* núm. 25, 2006, p. 20: «Pero la expansión de la desigualdad social ha provocado que el sentido de la existencia se busque en la diferencia, reivindicada mediante la etnia o la religión, ante un proceso socioeconómico excluyente que les niega las oportunidades de desarrollo que conlleva la globalización económica neoliberal».

168 DOMÍNGUEZ MARTÍNEZ, J.M., «Tiempos de desigualdad...», *op. cit.,* p. 3.

169 LÓPEZ JIMÉNEZ, J.M., «La desigualdad y la pobreza en el mundo: una realidad con varias *faces*», en *Extoikos,* núm. 13, 2014, p. 14.

Por todo ello, se plantea si debe o no prevalecer la justicia distributiva ante una desigualdad social y económica puesto que a pesar de que gran parte de la sociedad otorga una respuesta afirmativa, surgen discrepancias en cuanto a su alcance: «¿Qué debemos entender por igualdad: igualdad de oportunidades o de resultados? ¿deben respetarse los rendimientos de las dotaciones iniciales de recursos? ¿debe existir la propiedad privada? ¿hay una manera objetiva de medir las capacidades y las necesidades individuales? ¿debe premiarse el esfuerzo personal? ¿qué horizonte temporal debe adoptarse para aplicar el criterio de justicia: un mes, un año, diez años…toda la vida? ¿cómo debe tratarse a las personas que están en situaciones diferentes?»[170].

Existe una larga lista de interpretaciones diferentes de la justicia distributiva, ya que pueden encontrarse criterios basados en la dotación, criterios utilitaristas, criterios igualitarios o criterios mixtos pero, a pesar de ello, no hay una respuesta científica única, de forma que cada persona puede tener su propia concepción de la justicia distributiva. De esta forma, es la propia sociedad la que elige qué criterio debe prevalecer, ya que cabe plantearse si realmente existe mayor eticidad en uno u otro[171]. A pesar de esta afirmación, muy probablemente cada persona hace una u otra elección según su posición social. Es por ello que expone Rawls que si cada persona eligiera sin saber cuál es su posición, todos coincidirían en el mismo fin[172], que no

---

170 Domínguez Martínez, J.M., «Tiempos de desigualdad…», *op. cit.,* p. 4.

171 Ricoeur, P., *Lo justo 2,* Editorial Trotta, Madrid, 2001, p. 48: «La ética anterior, que tiende hacia el enraizamiento de las normas en la vida y en el deseo, y la ética posterior, que tiende a insertar las normas en situaciones concretas».

172 En este sentido de coincidencia en el objetivo, cabe hacer alusión a la llamada «ética cívica». Cortina Orts, A., *Ética de la razón cordial. Educar*

sería otro que «maximizar la posición del peor situado»[173].

La desigualdad social aludida viene acompañada de una correlativa violación del principio de igualdad, consagrada en el caso español en los artículos 14 y 9.2 de la CE. El primer precepto regula el denominado principio de igualdad formal, entendido como «el reconocimiento de la identidad del estatuto jurídico de todos los ciudadanos, lo que implica la garantía de la paridad de trato en la legislación y en la aplicación del Derecho». El segundo contempla el principio de igualdad material o real que «teniendo en cuenta la posición social real en que se encuentran los ciudadanos, tiende a una equiparación real y efectiva de los mismos»[174]. Así, la igualdad proclamada en el art. 14 CE no es un valor superior del ordenamiento jurídico, como sí lo es la igualdad del art. 1.1 CE, y el art. 9.2 CE contempla un mandato dirigido a los poderes públicos[175].

El principio de igualdad es el centro principal de todo ordenamiento jurídico[176], pero hay que aclarar que la igualdad constitucional no se puede traducir como en igualdad de los individuos de manera real y efectiva,

---

en la ciudadanía en el siglo XXI, Ediciones Nobel, Oviedo, 2009, p. 17: «La ética cívica se refuerza cuando la organización de la vida democrática alienta el desarrollo de virtudes como la pasión por la justicia y la libertad, la encarnación de la solidaridad, el respeto activo a las posiciones distintas de la propia, el recurso a un diálogo justo para resolver los conflictos, siempre que las condiciones para ello estén puestas».

173 DOMÍNGUEZ MARTÍNEZ, J.M., «Tiempos de desigualdad...», op. cit., pp. 4 y 5.

174 CARMONA CUENCA, E., «El principio de igualdad material en la jurisprudencia del Tribunal Constitucional», en Revista de Estudios Políticos (Nueva Época), núm. 84, 1994, p. 265.

175 PÉREZ ROYO, J., Curso de Derecho Constitucional, Marcial Pons, Madrid, 2010, p. 217.

176 Ibidem.

es decir, a pesar de que pueda parecer contradictorio, «la igualdad constitucional afirma que los individuos son diferentes y lo que persigue es posibilitar primero que las diferencias personales se expresen como diferencias jurídicas y garantizar después el ejercicio del derecho a tales diferencias», por lo que «la razón de ser de la igualdad constitucional es el derecho a la diferencia» y constituye «una técnica para la gestión de la diferencia, o mejor dicho, de las diferencias personales»[177]. Por tanto, para que se puede hablar de una igualdad material en relación con el trato de los correos de la droga, es necesario que las instituciones y el Derecho penal traten a las personas teniendo en cuenta su diferencia, es decir, es la pobreza y la exclusión social de los correos de la droga lo que causa una necesidad y el motivo delictivo, por lo que ha de tenerse en cuenta a la hora de condenar o no condenar al colectivo.

Lo expuesto en los párrafos precedentes puede ser traducido como la igualdad como libertad del individuo, la cual es contraria a la pobreza del mismo, es decir, la situación de pobreza y exclusión social de una persona conlleva desigualdad social, entendida ésta como ausencia de igualdad que, a su vez, se traduce en falta de libertad. Falta de libertad para tener una vida digna y unas condiciones socioeconómicas que empoderen a la persona y les permitan ser en igualdad, es decir, construirse en la diferencia.

La libertad aludida no la posee la persona que es pobre, puesto que no es libre para cubrir sus necesidades más básicas, por lo que la ostentación de la referida libertad será un paso para conformar una vida activa. Esta libertad irremediablemente está relacio-

---

177 *Ibidem.*

nada también con los ingresos de una persona, pues no solo les permitirán cubrir sus necesidades más básicas, sino también mejorar su libertad individual[178].

Para que la libertad sea posible, es necesaria la correlativa convivencia pacífica en sociedad, puesto que «la convivencia humana es una expresión de la libertad», de forma que «únicamente viviendo en sociedad el ser humano puede ser libre»[179]. Por ello, la igualdad y la libertad constituyen una aspiración histórica en todas las sociedades, y, la primera, supone el común progreso moral de la humanidad, sin el cual no es posible la libertad[180].

Ahora bien, no hay igualdad y, por ende, tampoco libertad del ser humano, si no existe un respeto a la dignidad de aquel, ya que «los seres humanos somos iguales en la medida en que todos somos portadores de una dignidad común... por encima de todas las diferencian que nos individualizan y nos distinguen a unos de otros»[181].

El artículo 1 de la Declaración Universal de los Derechos Humanos, en adelante DUDH, adoptada por las Naciones Unidas el 10 de diciembre de 1948, comienza del siguiente modo:

> «Todos los seres humanos nacen libres e iguales en dignidad y derechos».

---

178 GARCÍA HORTA, J. L., ZAPATA MARTELO, E., VALTIERRA PACHECO, E. y GARZA BUENO, L., «El microcrédito como estrategia para atenuar la pobreza de las mujeres, ¿cuál pobreza?», en *Estudios Fronterizos, nueva época,* vol. 15, núm. 30, 2014, pp. 104 y 117.

179 Pérez Royo, J., *Curso..., op. cit.,* pp. 220 y 221.

180 MARTÍNEZ TAPIA, R., *Igualdad y razonabilidad en la justicia constitucional española,* Universidad de Almería Servicio de Publicaciones, Madrid, 2000, p. 9.

181 Pérez Royo, J., *Curso..., op. cit.,* p. 223.

Afirma HABERMAS que «el respeto a la dignidad de todo ser humano prohíbe que el Estado trate a una persona simplemente como un medio para alcanzar un fin»[182], en tanto que aquella representa la base y estructura de los derechos fundamentales[183].

Por todo lo expresado con anterioridad en este apartado, la pobreza y exclusión social de los correos de la droga es la causa de desigualdad social en relación con el resto de la sociedad y, es aquella la causante de la falta de libertad con la que viven y que les lanza, ante una necesidad mayor a trasladar droga de un lugar a otro. Además de ello, el olvido institucional se refleja en la fata de trato igualitario al diferente, puesto que como ya se ha aclarado, el respeto el principio de igualdad requiere tener en cuenta la diferencia de cada persona, en este caso la pobreza y exclusión social de los correos de la droga.

4. La pobreza según Hegel

Hegel distingue entre la pobreza que encuentra su origen en el mercado, como por ejemplo, el desempleo, de la otra pobreza que proviene de «necesidad de todo tipo» que se debe a la existencias entorno a la persona de diferentes condiciones desfavorables, como el estado de marginación, algún tipo de enfermedad, oportunidades de educación, entre otras. Hegel reflexiones sobre el derecho de socorro[184].

---

182 HABERMAS, J., «El concepto de dignidad humana y la utopía realista de los derechos humanos», en *Diánoia,* Vol. 55, núm. 64, 2010, p. 5.

183 GARCÍA TOMA, V., «La dignidad humana y los derechos fundamentales», en *Derecho y Sociedad,* núm. 51, p. 13.

184 VIEWEG, K., «Pobreza y riqueza. Derecho de socorro y derecho de resistencia en Hegel», en *Estudios de Filosofía,* núm. 39, 2009, p. 148.

Aquí se ha de mencionar las reflexiones hegelianas sobre el derecho de socorro[185]:

> «Hemos considerado anteriormente el derecho de socorro como algo referente a una necesidad momentánea. Aquí la necesidad no tiene más ese carácter meramente momentáneo. En la pobreza el poder de lo particular llega a la existencia frente a la realidad de lo libre».

Todos los seres humanos tienen derecho a la vida en tanto condición fundamental de la libertad, ya que la subsistencia debe ser entendida como algo universal. La pobreza se presenta como una amenaza para la continuación de la vida y el desarrollo personal del individuo. Consecuentemente, el ser humano tiene un derecho al bienestar que puede solicitar y debe ser dado su auxilio por la comunidad[186].

Para Hegel la pobreza, en tanto carencia de objetos materiales, no es el único peligro ni lo único que constituye un problema social, puesto que mayor miedo debería sentir la comunidad hacia los efectos psíquicos y éticos de vivir en la citada situación. Tal es el caso, que la persona pobre a la vez que pertenece a la sociedad, no pertenece a la misma. Esto se debe a la discordia existente y hostilidad por parte de la ciudadanía hacia las instituciones y el propio Estado, ya que han tenido una actitud omisiva, de inactividad. Según lo observado en las palabras de Hegel, los individuos no confían en el Estado, no creen que finalmente vaya a darles alguna ayuda, puesto que ha venido tolerando determinadas situaciones de pobreza, de carencia de recursos que hagan posible la seguridad del pueblo.

---

185 *Ibidem.*
186 *Ibidem.*

Esto es visto como una injusticia[187], y afirma el filósofo que un Estado racional no permitiría la pobreza como algo aceptable, tampoco la miseria por los irremediables efectos y consecuencias en las personas[188].

Hegel, en contraposición con Adam Smith, considera que la pobreza es una situación inevitable de las sociedades industriales, que tienen un ciclo de producción constante y es la misma ambición de los más ricos la causante de aquella. Afirma incluso que la pobreza constituye una manera de marginación social, pero también representa un fenómeno psicológico o cultural que conlleva un perjuicio para la autoestima de una persona pobre de las sociedades modernas[189].

Con las breves referencias a Hegel en este apartado, se observa que en tanto que la pobreza margina a la ciudadanía y los extirpa de su total ciudadanía como consecuencia del desarrollo industrial, el mercado liberal se presenta como una amenaza para la sociedad.

5. La pobreza como estado de necesidad

La pobreza indudablemente se presenta como un estado de necesidad, es decir, que se pueden dar casos en los que una persona delinque por cubrir una necesidad, una carencia y, de no existir dicha situa-

---

187 SÁNCHEZ MADRID, N., «Hegel ante la pobreza: la economía de mercados y el derecho como fuerzas», en *Ética y Política,* vol. 21, núm. 2, 2019, p. 584.

188 ROJAS HERNÁNDEZ, M., «Sociedad civil y pobreza, Estado racional y justicia social. El problema de la pobreza en la filosofía del Derecho de Hegel», en *Revista Ratio Iuris,* vol. 14, núm. 28, 2019, p. 146.

189 Sánchez Madrid, N., «Hegel ante la pobreza …», *pp. cit.,* p. 587.

ción de pobreza, no habría actuado de manera ilícita. Es por ello que el estado de necesidad se presenta como una circunstancia modificativa de la responsabilidad criminal con base en el art. 20.5.º del CP, que expone que está exento de responsabilidad criminal el que obre en estado de necesidad, para evitar otro mal.

Existe un profundo desconocimiento de la eximente del estado de necesidad en los delitos de tráfico de estupefacientes que olvida una realidad de las personas que actúan como correos de la droga, ya que debido a las circunstancias del individuo, existen unas causas de justificación de la conducta nivel penal, lo cual no significa a nivel social. En estos casos, se ven confrontados bienes jurídicos importantes, que son, la vida del sujeto activo, frente a la salud pública, entendiéndose el segundo como superior, sobre todo cuando aquel está viéndose afectado de manera cierta y la salud pública se enfrenta a una amenaza potencial posible[190].

Por tanto, teniendo en cuenta todo lo analizado en este capítulo, se pretende recalcar cómo la pobreza afecta al desarrollo integral de una persona y, es por ello, que es considerado un estado de necesidad. En consonancia con ello, a continuación se procederá a explicar la necesidad como una circunstancia modificativa de la responsabilidad criminal, más concretamente como una eximente de la responsabilidad criminal.

---

190 Martínez Escamilla, M., «Pobreza, estado de necesidad y prevención general de los correos de la cocaína y el Tribunal Supremo español», en *Derecho Penal Contemporáneo: revista Internacional,* núm. 12, 2005, p. 5.

II.- La necesidad como eximente de la responsabilidad criminal

«La paz no es solamente la ausencia de la guerra; mientras haya pobreza, racismo, discriminación y exclusión difícilmente podremos alcanzar un mundo de paz».

Rigoberta Menchú

1. Cuestiones generales

El art. 8, 7.º del CP español del año 1944 ya contemplaba la eximente de estado de necesidad. Así, del mismo modo, el CP actual contempla dicha eximente de estado de necesidad en su artículo 20.5.º pronunciándose en términos similares al texto penal aludido:

«Están exentos de responsabilidad criminal:
(…)
5.º El que, en estado de necesidad, para evitar un mal propio o ajeno lesione un bien jurídico de otra persona o infrinja un deber, siempre que concurran los siguientes requisitos:

Primero. Que el mal causado no sea mayor que el que se trate de evitar.

Segundo. Que la situación de necesidad no haya sido provocada intencionadamente por el sujeto.

Tercero. Que el necesitado no tenga, por su oficio o cargo, obligación de sacrificarse».

Además, al respecto se pronuncia, entre otras, la sentencia dictada por la AP de Madrid, número 438/2008, de 23 de septiembre, Rec. 68/2008, y dispone, en relación con la necesidad, que «la apreciación de esta circunstancia exige que el mal que se pretende evitar sea real, grave y actual o inminente, y también la comprobación de que el agente haya agotado todos los medios alternativos lícitos para soslayar ese mal antes de acudir a la vía delictiva, de tal manera que, fracasados aquellos, no quepa otra posibilidad humanamente razonable que el delito, pues a nadie se le puede exigir la heroicidad o el martirio en este ámbito».

En cualquier caso, indudablemente se advierte que el CP español habla de bienes en conflicto que sean desiguales y se salve el de mayor valor, o iguales. En el primer caso, es decir, cuando colisionan bienes jurídicos desiguales, se trataría de una causa de justificación (estado de necesidad justificante). Por tanto, el precepto contempla una causa de exculpación (estado de necesidad exculpante) para aquellos casos en los que se salva un bien del mismo valor que el bien sacrificado.

Cuando se dan los requisitos en los casos de los correos de la droga, es necesaria la aplicación de la eximente de necesidad tras el estudio de las circunstancias específicas del caso, sin olvidar tener presentes las dificultades probatorias que se encuentran a lo largo de todo el procedimiento judicial, tal y como se expone en este trabajo de investigación en el apartado correspondiente a la prueba y el procedimiento, con miras de alcanzar una aplicación justa y proporcional del Derecho.

2. Los requisitos para la aplicación de la eximente de estado necesidad

Como se ha expuesto en el apartado precedente el art. 20. 5.º CP dispone que para la aplicación de la eximente deben concurrir los siguientes requisitos:

«Primero. Que el mal causado no sea mayor que el que se trate de evitar.

Segundo. Que la situación de necesidad no haya sido provocada intencionadamente por el sujeto.

Tercero. Que el necesitado no tenga, por su oficio o cargo, obligación de sacrificarse».

Del mismo modo, el Tribunal Supremo se pronuncia al respecto exponiendo los requisitos que deben concurrir para su apreciación:

«El Tribunal Supremo en Sentencias como la de fecha 19 de octubre de 1998 , 29 de mayo de 1997 y 14 de octubre de 1996 , sigue manteniendo lo ya señalado por la Sentencia de 5 de noviembre de 1994 , que cinco son los requisitos que deben concurrir para poder estimar el estado de necesidad como eximente:

a) Pendencia acuciante y grave de un mal propio o ajeno, que no es preciso haya comenzado a producirse, bastando con que el sujeto de la acción pueda apreciar la existencia de una situación de peligro y riesgo intenso para un bien jurídicamente protegido y que requiera realizar una acción determinada para atajarlo,

b) Necesidad de lesionar un bien jurídico de otro o de infringir un deber con el fin de soslayar aquella situación de peligro,

c) Que el mal o daño causado no sea mayor que el que se pretende evitar, debiéndose ponderar en cada caso concreto los intereses en conflicto para poder calibrar la mayor, menor o igual entidad de los dos males, juicio de valor que "a posteriori" corresponderá formular a los Tribunales de Justicia.

d) Que el sujeto que obre en ese estado de necesidad no haya provocado intencionadamente tal situación.

e) Que ese mismo sujeto, en razón de su cargo u oficio, no esté obligado a admitir o asumir los efectos del mal pendiente o actual.

En ampliación de los requisitos jurídicos antes dichos, hay ahora que resaltar las siguientes prevenciones, que van a hacer inviable el estado de necesidad:

1.°- La esencia de esta eximente radica en la inevitabilidad del mal, es decir, que el necesitado no tenga otro medio de salvaguardar el peligro que le amenaza, sino infringiendo un mal al bien jurídico ajeno.

2.°- El mal que amenaza ha de ser actual, inminente,

grave, injusto, ilegítimo, como inevitable es, con la proporción precisa, el que se causa.

3.°- Subjetivamente la concurrencia de otros móviles
distintos al reseñado enturbiaría la preponderancia de
la situación eximente que se propugna.

4.°- En la esfera personal, profesional, familiar y social, es preciso que se hayan agotado todos los recursos o remedios existentes para solucionar el conflicto
antes de proceder antijurídicamente».

En consecuencia, inevitablemente, para la aplicación de la eximente de la responsabilidad criminal por
estado de necesidad tienen que concurrir unos requisitos específicos. No obstante, lo que se expone en
este estudio es que a pesar de que en muchos casos
de correos de la droga, a pesar de la concurrencia de
los requisitos expuestos anteriormente, no se aplica la
precitada circunstancia modificativa de la responsabilidad criminal.

3. La necesidad de los correos de la droga como eximente de la responsabilidad criminal

A pesar de que es cierto que el legislador penal castiga a todos los participantes del tráfico de drogas, no
se puede negar que las personas más vulnerables son
las que, debido a la mayor visibilidad y fragilidad en
el precitado negocio ilegal, quienes sufren las peores
consecuencias penales[191] y victimológicas.

El análisis de la eximente no es baladí, en tanto que
las detenciones en España de correos de la droga
tienen una gran incidencia. Por ello, es interesante
observar la gráfica siguiente que refleja la magnitud

---

191 Mateos Ribas, N. y Martínez, A. Mujeres extranjeras ..., *op. cit.,* pp.
      71-72.

de la problemática en España, puesto que constituye el tercer país con mayor incidencia:

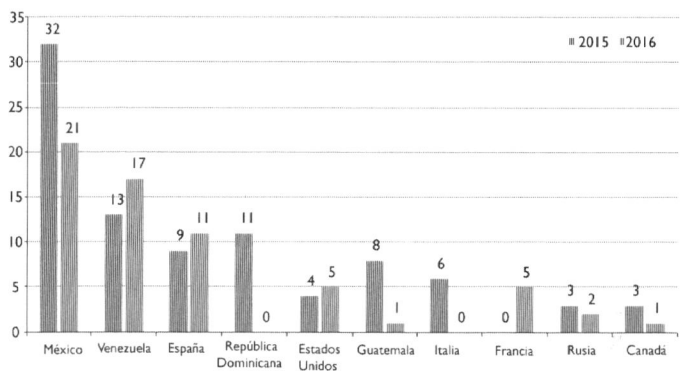

Figura 10: Capturas de correos de la droga por países. Fuente: Benítez, G., Santacruz Ospina M.F., Cuadros Veloza, L.W., Guerrero Castro, J., Arandia Gaitán, M., y Díaz Cárdenas, J.D., «Voces actuales...», *op. cit.*, p. 129.

De este modo, en tanto que ha quedado manifestado que la pobreza es un estado de necesidad, se debe contemplar como eximente de la responsabilidad criminal en los correos de la droga cuando hayan actuado de manera delictiva por un estado de necesidad extrema y se cumplan los requisitos o, como se explicará más adelante, se aplique una atenuante por estado de necesidad, entre otras posibilidades que también serán mencionadas.

4. Proporcionalidad de las penas

La constitucionalización del Derecho, del ordenamiento jurídico, constituye un proceso de transformación del ordenamiento jurídico con el cual queda impregnado por las propias normas constitucionales[192].

---

192 Carbonell, M. y Sánchez Gil, R., «¿Qué es la constitucionalización del Derecho?», en *Quid Iuris*, núm. 15, p. 34.

Se puede hablar de la constitucionalización del Derecho penal, en tanto que el texto normativo correspondiente contiene normas que se basan en unos criterios constitucionales (necesidad, proporcionalidad y razonabilidad). Además lo hace trasladándolos a la propia dogmática jurídico-punitiva[193]. Esto sucede en todos aquellos países en los que existe un sistema de justicia constitucional[194]. De este modo, puede afirmarse que la Constitución Española, en adelante CE, funciona a modo de límite de actuación para el legislador penal.

Es por ello que se debe recordar el principio de proporcionalidad en el Derecho penal español. Dicho principio conlleva la necesidad de la existencia de un equilibrio entre la reacción penal y sus presupuestos «tanto en el momento de individualización de la pena (proporcionalidad abstracta) como en el de su aplicación judicial (proporcionalidad concreta)»[195].

El principio referido representa el elemento que define la intervención penal precisa, reflejando el interés de la sociedad de dar una respuesta penal como consecuencia jurídica. En este sentido, «la justa medida de la pena se configura como un principio rector de todo el sistema penal»[196].

No obstante, existe un debate doctrinal alrededor del contenido del concepto debido a su ambigüedad y dificultad conceptual, por lo que no se puede afirmar

---

193 Cote-Barco, G.E., «Constitucionalización del Derecho penal y proporcionalidad de la pena», en *Universitas,* 2008, p. 120.

194 Favoreu, L.J., «La constitucionalización del Derecho», en *Revista de Derecho,* vol. 12, 2001, p. 33.

195 Fuentes Cubillos, H., «El principio de proporcionalidad en Derecho penal. Algunas consideraciones acerca de su concretización de la pena», en *Revista Ius et Praxis,* núm. 2, p. 19.

196 *Ibidem,* pp. 19 y 20.

la existencia de una doctrina unánime en su definición. Lo que sí cabe exponer es que la proporcionalidad de las penas es un concepto derivado de una evolución histórica, que entra en juego con la finalidad de limitar el *ius puniendi*. Es por ello que el concepto se puede definir también como «prohibición de exceso, razonabilidad o racionalidad, proporcionalidad de medios, proporcionalidad del sacrificio o proporcionalidad de la injerencia»[197]. Aunque, en términos generales, en Derecho penal, dicho principio tiene como finalidad conseguir la adecuación entre la gravedad de la pena y el delito cometido y se vincula a una justificación retributiva del Derecho penal[198].

Cuando se ha corroborado la idoneidad y necesidad de una pena, deviene indispensable valorar y determinar la proporcionalidad de la misma[199]. Por ello, antes, y en relación con la idoneidad mencionada, habrá que realizar el correspondiente juicio de adecuación, comprobando si la relación medio-fin es adecuada; y, en consonancia con la necesidad, se deberá realizar un juicio de indispensabilidad, constatando si hay una adecuada relación medio-fin, analizando si hay necesidad de imponer la medida enjuiciada[200]. Ante ello, y tras la breve explicación del principio de proporcionalidad, es menester hacer alusión a la proporcionalidad de las penas.

---

197 Rojas, I. Y., «La proporcionalidad de las penas», en *Revista Jurídica,* núm. 10, 2008, p. 85.

198 Lopera Mesa, G., «Proporcionalidad de las penas y principio de proporcionalidad en derecho penal», en De Fazio, F., *Principios y proporcionalidad revisitados, Instituto de Estudios Constitucionales del Estado de Querétaro,* México, 2021, p. 348.

199 González-Cuélla Serrano, N., «El principio de proporcionalidad en el Derecho procesal español», en *Cuadernos de Derecho Público,* núm. 5, 1998, p. 208.

200 Perello Domenech, I., «El principio de proporcionalidad y la jurisprudencia constitucional», en *Jueces para la Democracia,* núm. 28, 1997, p. 70.

Se debe mencionar que el principio de proporcionalidad se encuentra en las normas internacionales. El art. 29.2 de la DUDH, expone:

> En el ejercicio de sus derechos y en el disfrute de sus libertades, toda persona estará solamente sujeta a las limitaciones establecidas por la ley con el único fin de asegurar el reconocimiento y el respeto de los derechos y libertades de los demás, y de satisfacer las justas exigencias de la moral, del orden público y del bienestar general en una sociedad democrática.

Esto se presenta como una base para poder exigir la proporcionalidad de las penas. El Pacto Internacional de Derechos Civiles y Políticos, en adelante PIDCP, otorga una protección a los derechos que resultan fundamentales para la dimensión de las penas a imponer por aquellos delitos contra la salud pública por tráfico de drogas, sobre todo los derechos a la vida, a la libertad y a la seguridad personales, a la vida privada y a no ser sometido a torturas. El precitado texto normativo internacional, es interpretado por el Comité de Derechos Humanos de la ONU y dispone que cuando los Estados adopten medidas, las cuales supongan una limitación al derecho protegido por el PIDCP, «deberán demostrar su necesidad y sólo podrán tomar las medidas que guarden proporción con el logro de objetivos legítimos a fin de garantizar una protección permanente y efectiva de los derechos reconocidos en el Pacto». Asimismo, el Comité ha manifestado que «las medidas restrictivas deben ajustarse al principio de proporcionalidad; deben ser adecuadas para desempeñar su función protectora; debe ser el instrumento menos perturbador de los que permitan conseguir el resultado deseado, y deben guardar proporción con el interés que debe protegerse»[201].

---

201 Lai, G., «Drogas, crimen y castigo», en *Serie reforma legislativa en*

En el mismo sentido, se pronuncia la Carta de los Derechos Fundamentales de la Unión Europea, en adelante CDFUE, puesto que en su art. 49. 3 dispone que «la intensidad de las penas no deberá ser desproporcionada en relación con la infracción». De esta forma, el principio referido adopta un carácter vinculante para todos los países de la Unión Europea, en adelante UE. También el Tribunal Europeo de Derechos Humanos, en adelante TEDH, ha venido indicando que debe existir una relación razonable de proporcionalidad entre los medios que se usan para limitar derechos fundamentales y el objetivo que se pretende alcanzar, es por ello que el mismo tribunal ha dispuesto en reiteradas ocasiones que debe darse un rasgo de necesidad en las medidas adoptadas en una sociedad democrática[202].

Por su parte, la Corte Interamericana de Derechos Humanos, en adelante CIDH, reconoce el principio de proporcionalidad, puesto que entiende que[203]:

> «nadie puede ser sometido a detención o encarcelamiento por causas y métodos que —aun calificados de legales— puedan reputarse como incompatibles con el respeto a los derechos fundamentales del individuo por ser, entre otras cosas, irrazonables, imprevisibles, o faltos de proporcionalidad».

Por tanto, la proporcionalidad adquiere gran relevancia en el derecho internacional ya que establece que los derechos y libertades de una persona solo pueden verse limitados por una medida que sea necesaria para alcanzar un fin determinado[204].

---

materia de drogas, núm. 20, 2012, p. 3.

202   Ibidem, p. 4.

203   Ibidem.

204   Ibidem.

Por ello, en el Derecho penal es ineludible la proporcionalidad de las penas, puesto que únicamente se podrán imponer penas de manera proporcional entre el medio empleado y la finalidad perseguida. En el tema objeto de estudio en el presente trabajo, el tráfico de drogas, concretamente alrededor de los correos de la droga, se observa la imposición de duras penas, por lo que en dicha dureza hay una notable ausencia de proporcionalidad.

La gravedad se argumenta en el preámbulo de la propia Convención Única de 1961, que alude a la toxicomanía como un mal grave para el individuo y un peligro para la sociedad. Del mismo modo, la Convención de 1988 en su art. 24 permite a los Estados Parte adoptar medidas más estrictas para terminar con el narcotráfico. No obstante, la consecución y salvaguarda de la salud y el bienestar se presentan como los objetivos de las convenciones de drogas de la ONU, pero no hay una exigencia sobre la criminalización del uso de drogas y permiten una flexibilidad notable para evitar el consumo de carácter personal, por lo que aquí se incluye la posesión, la compra y el cultivo. A pesar de ello, en la práctica, el control de las drogas se viene apoyando en unas estrictas y severas medidas ante el «mal grave» de las drogas, olvidando las disposiciones existentes en los tratados que tienen como finalidad, entre otras cuestiones, una aplicación proporcional de las medidas[205].

En definitiva, aquí se pone en entredicho la proporcionalidad de las penas que se vienen imponiendo hasta el momento a los correos de la droga, en tanto que, además de que aquellas no se imponen con la correcta aplicación de las herramientas legales exis-

---

205 *Ibidem,* p. 5.

tentes, las cuales están siendo mencionadas en este trabajo, tampoco reflejan la proporcionalidad exigida por las normativas marcadas. De este modo, con este trabajo se manifiesta la necesidad de garantizar una correcta aplicación de las penas a través de la realización de su correspondiente juicio de proporcionalidad, en virtud de las circunstancias personales que correspondan en cada caso.

III.- Párrafo segundo del art. 368 CP

El párrafo segundo del art. 368 CP expone: «No obstante lo dispuesto en el párrafo anterior, los tribunales podrán imponer la pena inferior en grado a las señaladas en atención a la escasa entidad del hecho y a las circunstancias personales del culpable. No se podrá hacer uso de esta facultad si concurriere alguna de las circunstancias a que se hace referencia en los artículos 369 bis y 370».

Se trata del subtipo atenuado del tráfico de drogas de escasa entidad del hecho y circunstancias del culpable. El cual diferencia por un lado, por escasa entidad del hecho, haciendo alusión a supuestos de escasa o insignificante cantidad de drogas ya que supone un menor riesgo y daño para la salud pública, es decir, para el bien jurídico protegido en los delitos contra la salud pública por tráfico de drogas; y, por otro lado, por las circunstancias concretas del culpable, para lo que atiende al entorno social y propio de la persona, la edad, el entorno familiar y amigos del sujeto activo, así como la formación, entre otros factores.

La Sentencia dictada por el Tribunal Supremo de 10 de febrero de 2015 (Ponente Excmo. Sr. Don Joaquín Giménez García) , que también alude a la

STS 724/2014, de 13 de noviembre que resume la doctrina jurisprudencial sobre el tipo privilegiado[206]:

«1.°) El nuevo párrafo segundo del artículo 368 del Código Penal constituye un subtipo atenuado en el que la decisión sobre su aplicación tiene carácter reglado y, en consecuencia, es susceptible de impugnación casacional.

2.°) Concurre la escasa entidad objetiva - escasa antijuridicidad - cuando se trata de la venta aislada de alguna o algunas papelinas, con una cantidad reducida de sustancia tóxica, en supuestos considerados como "el último escalón del tráfico".

3.°) La regulación del artículo 368-2.° del Código Penal, no excluye los casos en que el hecho que se atribuye específicamente al acusado consiste en una participación de muy escasa entidad, en una actividad de tráfico más amplia realizada por un tercero, aun cuando a esta última actividad no le sea aplicable la calificación de escasa entidad.

4.°) Las circunstancias personales del culpable -menor culpabilidad- se refieren a situaciones, datos o elementos que configuran su entorno social e individual, sus antecedentes, su condición o no de toxicómano, su edad, su grado de formación, su madurez psicológica, su entorno familiar, sus actividades laborales, su comportamiento posterior al hecho delictivo y sus posibilidades de integración en el cuerpo social.

5.°) Cuando la gravedad del injusto presenta una entidad tan nimia que lo acerca al límite de la tipicidad, la aplicación del subtipo atenuado no está condicionada a la concurrencia expresa de circunstancias personales favorables del culpable, bastando en estos supuestos con que no conste circunstancia alguna desfavorable.

6.°) La agravante de reincidencia no constituye un obstáculo insalvable para la aplicación del subtipo atenuado, en supuestos en que nos encontremos ante una conducta próxima al límite mínimo de la penalidad, desde el punto de vista objetivo, para evitar que produzca

---

206 ARRIERO, S., [20 de noviembre de 2024] https://saraarrieroespespenalista. blogspot.com/2015/03/subtipo-atenuado-del-trafico-de-drogas.html

un doble efecto en perjuicio del imputado, exacerbando la pena como agravante y bloqueando la aplicación del subtipo.

7.º) Cuando, además de la condena que determina la aplicación de la reincidencia, concurren otras condenas por la misma actividad delictiva de tráfico de estupefacientes, la acusada peligrosidad del culpable desde la perspectiva de la tutela del bien jurídico protegido por los delitos contra la salud pública, con una dedicación prolongada a dicha actividad, no justifica la aplicación del subtipo desde la perspectiva del sentido y finalidad de la norma».

En el tema objeto de estudio en esta investigación se debe atender a las circunstancias personales del culpable, es decir, a las circunstancias personales de la persona que transporta drogas de un lugar a otro con algunas de las técnicas más comunes que son utilizadas por los correos de la droga.

En este sentido, la STS 193/2012 de 22 de marzo de 2012 recoge lo que debe entenderse por «circunstancias personales del culpable»:

«cuando el tipo penal se refiere a las circunstancias personales del delincuente, está centrándose, como es lógico, en situaciones, datos o elementos que configuran el entorno social y el componente individual de cada sujeto, la edad de la persona, su grado de formación intelectual y cultural, su madurez psicológica, su entorno familiar y social, sus actividades laborales, su comportamiento posterior al hecho delictivo y sus posibilidades de integración en el cuerpo social, que son factores que permiten modular la pena ajustándola a las circunstancias personales del autor…».

Indudablemente el entorno social y situación socioeconómico de una persona pobre y excluida socialmente, como es el caso de la gran mayoría de los correos de la droga, son circunstancias a tener en cuenta a la hora de condenarlos por un delito contra la salud pública. Es por ello, que, si no se aplica la eximente de responsabilidad criminal, lo cual es defendido en este estudio cuando así se den los requisitos exigidos para ello, debe preverse la aplicación del subtipo atenuado de tráfico de drogas en atención a las circunstancias personales del culpable.

No obstante, hay que preguntarse si deben darse las dos circunstancias aludidas en el CP, es decir, escasa cantidad y circunstancias personales del culpable, ya que el precepto utiliza una conjunción copulativa y no queda claro si deviene necesario que concurran los dos requisitos o basta con que solo exista uno de ellos[207].

Según gran parte de la doctrina, si concurren las dos circunstancias posibles, indudablemente puede aplicarse el subtipo atenuado de tráfico de drogas del párrafo segundo del art. 368 del CP, pero también si concurre uno de ellos y el otro de una manera más inespecífica. No obstante, la entiende la opinión mayoritaria que, si no concurren ambos requisitos y solo se aprecia uno de ellos, no sería posible la atenuación referida[208].

En este sentido, la Circular N.° 3/2011 sobre la reforma del Código Penal efectuada por la LO N.° 5/2010, de 22 de junio en relación con los delitos de tráfico ilegal de drogas y de precursores. También, a título de ejemplo, puede verse la STS N.° 764/2011,

---

207   CASANUEVA SANZ, I., «El delito de tráfico de drogas en el ordenamiento jurídico español. un repaso a algunas de las cuestiones más relevantes de la regulación penal actua», en *Revista Derecho y Sociedad*, núm. 56, p. 28.

208   *Ibidem.*

de 19 de julio o la N.º 448/2011 de 19 de mayo. «Esta interpretación supone la imposibilidad de aplicar la atenuante si la cantidad con la que se trafica es importante, lo que suele ocurrir en los casos de correos o muleros que, en ocasiones, actúan coaccionados y/o en situación de necesidad, pero que transportan grandes cantidades de droga. En opinión de Etxebarria, esta interpretación no es adecuada puesto que estos supuestos deberían tener cabida en el tipo atenuado (p. 4)».

Asimismo, se pronuncia la jurisprudencia del Tribunal Supremo, argumentando que no es necesario que concurran los dos elementos, pero sí una valoración total del hecho para proporcionar la pena a imponer en atención a la conducta que haya sido declarada como probada, cuando uno de ellos no excluya al otro. Del mismo modo existen sentencias reiteradas que expresan que las circunstancias personales del culpable constituyen un dato que tiene menor importancia y solidez que la circunstancia de la escasa gravedad del hecho, por lo que en aquellos casos en los que no se exponga algo al respecto de las circunstancias personales, no supondrá el impedimento de la aplicación del tipo privilegiado[209].

Asimismo, el Tribunal Supremo afirma que[210]:

> «cuando la gravedad del injusto presenta una entidad tan nimia que lo acerca al límite de la tipicidad, la aplicación del subtipo atenuado no está condicionada a la concurrencia expresa de circunstancias personales favorables del culpable, bastando en estos supuestos con que no conste circunstancia alguna desfavorable».

---

209 *Ibidem.*

210 *Ibidem.*

Esto hace referencia muy especialmente a aquellas situaciones de venta de una escasa cantidad cuando se trata de algo ocasional, esporádico, es decir, no sería algo usual que sea parte de la vida diaria del sujeto del que se trate. No obstante, según CASANUEVA SANZ «este dato tampoco debería impedir, en todo caso y de manera automática, la aplicación de la atenuación puesto que, si los supuestos en los que pensaba el legislador cuando la introdujo en el CP eran los de la venta al menudeo de drogodependientes como forma de financiarse su adicción, no son excepcionales los supuestos en los que estas ventas al menudeo son muy frecuentes, puesto que la necesidad de conseguir la droga que tiene el adicto, no es esporádica o puntual, sino continua y permanente»[211].

Cabe resaltar, en relación con el análisis del párrafo segundo del art. 368 CP, las palabras de Etxebarria Zarrabeitia:

> «Sería una lástima que se interpretara esta cláusula [...] con una interpretación tan restrictiva que diera lugar a su aplicación únicamente a cantidades mínimas (cuya venta antes era considerada incluso atípica) y a sujetos adictos a las drogas (para los cuales existen ya toda una serie de previsiones normativas dirigidas a adecuar la respuesta penal a la finalidad de reinserción social). Por el contrario, debe utilizarse esta nueva atenuación, en el ejercicio motivado de la discrecionalidad judicial, con una visión amplia —máxime tras la eliminación de su carácter excepcional durante la tramitación parlamentaria— de los elementos que concurren en la graduación de la antijuridicidad material y la culpabilidad (2011, p. 4)»[212].

---

211 *Ibidem*, p. 29.
212 *Ibidem*.

Por tanto, con el análisis del subtipo atenuado de tráfico de drogas del art. 368 del CP se pretende poner de manifiesto la existencia de cauces penales que pueden tener cabida para dar soluciones más benévolas, justas y proporcionadas a los procedimientos relativos de los correos de la droga. Así, se tienen en cuenta las circunstancias personales del culpable, en atención al contexto socioeconómico, situación familiar y social, situación laboral, etc. para la condena por un delito contra la salud pública por tráfico de drogas.

IV.- La pena natural como atenuante de la responsabilidad penal

> *«Piensas que nunca te va a pasar, imposible que te suceda a ti,*
> *que eres la única persona del mundo a quien jamás*
> *ocurrirán esas cosas, y entonces, una por una, empiezan a pasarte todas,*
> *igual que le suceden a cualquier otro».*
>
> **Paul Auster**

La pena natural (*poena naturalis*) en el Derecho penal se puede definir como «el daño o sufrimiento que recae el autor de un delito, productor de la comisión del mismo, que debe ser descontado de la pena legal que ha de aplicársele»[213], entre la clemencia[214] y el derecho de gracia[215]. En estos casos, el juez decide

---

213 Francisco Serrano, M., «Los elementos constitutivos del concepto de pena natural», en *Política criminal,* vol. 17, núm. 34, 2022, p. 856.

214 Ruiz Miguel, A., «Gracia y justicia: el lugar de la clemencia (en torno a la pena natural)», en *Indret,* núm. 2, 2018, p. 2. (1-26): «Entendida en el estricto sentido de compasión, misericordia o piedad, la clemencia induce a moderar o a perdonar a alguien su delito más allá o al margen de las razones de justicia que le hacen merecedor de una determinada pena».

215 *Ibidem*, p. 1.

absolver al sujeto activo, a sabiendas de que ha cometido un ilícito penal, si bien no considera preciso el castigo punitivo o, en su caso, atenuarlo, sobre la convicción de que como consecuencia de la comisión del ilícito penal ya ha sufrido un daño de idéntica magnitud o superior al que le correspondería con la aplicación de la ley penal[216].

En cuanto a su origen, se puede aludir a los planteamientos emitidos por Thomas Hobbes e Immanuel Kant. Por un lado, el primero de ellos, en su obra llamada «El Leviatán»[217] apela al castigo divino »en aquellos los casos en que ciertas acciones llevan consigo, por naturaleza, diversas consecuencias perniciosas». A modo de ejemplo, destaca a aquel autor de un delito que al cometerlo contrae una enfermedad, pues según Hobbes, se trata de una pena de no impuesta por el ser humano, sino por Dios, cumpliendo así la condena mediante dicho castigo divino[218].

Por otro lado, Kant[219] «distinguió entre *poena forensis*, como la sanción impuesta por la autoridad al culpable, y *poena naturalis*, siendo esta la punición natural del vicio, en que los perjuicios sufridos por el autor fueren de tal magnitud que la imposición de una *poena forensis* resultase un error evidente»[220].

---

216 Francisco Serrano, M., «Los elementos ...», *op. cit.,* p. 856.

217 Hobbes, T., *El Leviatán*, 2.ª edición, Sánchez Sarto, M. (Trad.), Fondo de Cultura Económica, Argentina, 1980, p. 255.

218 Bobadilla Barra, C., «La pena natural: fundamentos, límites y posible aplicación en el derecho chileno», en *Política Criminal,* vol. 11, núm. 22, 2016, p. 549.

219 Kant, I., *Principios metafísicos de la doctrina del derecho*, trad. CÓRDOVA, A., Universidad Nacional Autónoma de México, México, 1978, p. 167.

220 *Ibidem,* p. 550.

Cuando se piensa en la aplicación de la pena natural se debe automáticamente pensar en casos estremecedores en los que el derecho penal ya poco puede hacer para solucionar el conflicto social surgido. Es por ello que se alude a su aplicación por razones humanitarias, por la innecesariedad de la aplicación de una pena, debido a los padecimientos y graves perjuicios que la comisión de la conducta delictiva ya conlleva para el autor[221].

Así, afirma JAKOBS[222], haciendo alusión a la *poena naturalis*, que «(…) la pena es innecesaria; un ciudadano que quita la vida a otro por falta de cuidado frecuentemente sufrirá más por ese hecho que por la *poena forensis* que le corresponda».

También, en un sentido similar, señala Finocchiaro[223] que «la pena natural surge per se, más allá del castigo que el Estado prevea y representa ya un mal intrínseco que el autor padece a consecuencia de la realización de la acción u omisión que le es reprochada»[224].

Parece que los dos últimos autores señalados aluden a la aplicación de la pena natural con independencia del mal causado, es decir, refieren una perspectiva amplia de la pena natural, pero la autora de este trabajo no sugiere que la pena natural quepa en cualquier supuesto de análisis. Así, aunque la autora de esta investigación no considera innecesaria la pena, de forma general, sí ante la comisión de un delito con-

---

221 BOBADILLA BARRA, C., «La pena natural…», *op. cit.*, p. 549.

222 JAKOBS, G., «El principio de culpabilidad», trad. CANCIO MELIA, M., en *Anuario de derecho penal y ciencias penales*, t. XLV, fascículo III, 1992, p. 1058.

223 FINOCCHIARO, E., «La pena natural. Breves consideraciones», en *Revista de derecho penal y criminología,* núm. 5, 2012, p. 68.

224 BOBADILLA BARRA, C., "«La pena natural…», *op. cit.*, p. 550.

tra la salud pública por una necesidad extrema, por lo que además de ser innecesaria, sería considerada injusta ante la inaplicación de la eximente de estado de necesidad.

Es por ello que este trabajo se sujeta a la definición de pena natural dada por Choclán Montalvo[225] que señala que la misma «conduce a una serie de supuestos en los que [el] autor de un hecho punible, como consecuencia inmediata de su realización y por causas naturales o no jurídicas, ha resultado con un daño grave en su persona o bienes, daño que ha sido producido por el propio reo además del perjuicio causado a la víctima»[226].

Realmente se está hablando de la pena natural en supuestos se exención de la responsabilidad penal y no se puede incluir la precitada pena natural en casos de riesgo permitido, pues realmente se trataría de atipicidad[227]. Por ello, «al hablar de *poena naturalis* nos encontramos frente a casos que exceden el riesgo permitido, entrando en una fase que el ordenamiento jurídico ya no protege, no obstante lo cual se ha de depurar la sanción aplicable en razón de su desproporción o de la compensación que ha sufrido la culpabilidad»[228].

En esta investigación se pretende «determinar los límites de legitimidad de la pena, debiendo ser la gravedad de ésta proporcional a la gravedad del reproche», puesto que a toda culpabilidad no debe corres-

---

225 CHOCLÁN MONTALVO, J.A., «La pena natural», en *La Ley: Revista jurídica española de doctrina, jurisprudencia y bibliografía,* núm. 3, 1999, p. 1910.

226 BOBADILLA BARRA, C., «La pena natural...», *op. cit.*, p. 551.

227 *Ibidem,* p. 552.

228 *Ibidem.*

ponderle una pena y la «cuestión es que pese a que con un fin preventivo general o especial pueda justificarse la aplicación de una pena grave, esta gravedad no puede sobrepasar la magnitud de la culpabilidad del hechor. Como bien señala Roxin, dada la exigencia de dignidad humana, la pena no puede sobrepasar la medida de la culpabilidad»[229].

Ahora bien, entre otras dificultades prácticas, se encuentra la modalidad para entender de manera exacta de medir la pérdida o perjuicio del sujeto activo por la comisión del delito. En este sentido ZIFFER señala[230]:

> «(...) si bien la institución responde a un sentimiento más o menos generalizado, la mayor dificultad que plantea consiste en responder a la pregunta de cómo medir la gravedad de la pérdida para el autor, como medir el sufrimiento(...)la valoración solo sería posible desde un punto de vista objetivo, lo cual conduciría a una atenuante general. Pero esto no está exento de cuestionamientos, dado que, por ejemplo en los casos de homicidios causados imprudentemente a parientes cercanos, con frecuencia será posible afirmar un deber de cuidado mayor, y por lo tanto una atenuación general no necesariamente representa una solución más justa para todos los supuestos (...) En síntesis, si bien el principio de la *poena naturalis* puede partir de buenos fundamentos, resulta sumamente difícil incorporarlo dentro de un sistema de hecho punible, sin conducir a contradicciones (...)».

---

229 *Ibidem,* p. 560.

230 ZIFFER, P., Lineamientos de la determinación de la pena, Editorial Ad-hoc, Buenos Aires,1996, p.143.

Z<small>IFFER</small> hace referencia a los casos de pena natural moral y no de pena natural física[231]. En el caso de los correos de la droga, la propia situación de pobreza y vulnerabilidad social por la falta de recursos suficientes se entiende como pena sufrida, como mal irremediable en tanto continúa y le impide el desarrollo personal y poder cubrir las necesidades más básicas.

Resulta inevitable acudir a los fines de la pena para recordar su fundamento y, por tanto, cuándo existe una necesariedad y merecimiento de la misma. Es sabido que existen diversas teorías y algunas son más idóneas que otra para sustentar a *poena naturalis*[232]:

– En relación con la prevención especial, la aplicación de la pena natural encuentra su idoneidad en dicha teoría en tanto que atiende a las circunstancias personales específicas del individuo para graduar la pena correctamente. De esta forma, se tienen presentes los sufrimientos post delictivos.

– En cuanto a la prevención general se distingue entre[233]:

  • Vertiente negativa: el perjuicio derivado de la comisión del delito funciona como medio intimidatorio que equivale a la pena. Sin embargo, la pena natural, más que intimidar, invita al desafío, «pues el castigo se sentiría como injusto por la generalidad y la pena no cumpliría su fin intimidatorio».

  • Vertiente positiva: En esta vertiente «el perjuicio logra operar como sentimiento de re-

---

231 B<small>OBADILLA</small> B<small>ARRA</small>, C., «La pena natural...», *op. cit.*, p. 563.

232 *Ibidem,* p. 611 y 612.

233 *Ibidem.*

fuerzo en la intangibilidad de los bienes jurídicos, alejado de la idea de llevar una vida contraviniendo el derecho. Es más, en estos casos no se requiere de una pena para reestablecer la paz social, en estos casos la labor de afianzamiento de los valores concretados en las normas jurídicas se consigue, precisamente, con la no aplicación de una pena, o bien en su rebaja»[234].

- Respecto a los planteamientos de Roxin, «la etapa de aplicación judicial de la pena se rige por el principio de culpabilidad, a la manera de las teorías retributivas, por ende, lo dicho sobre ellas es válido respecto de esta teoría. Sobre el planteamiento de Jakobs, la expectativa social de restablecimiento del derecho se ve compensada por la resolución natural del conflicto, materializado en la lesión sufrida por el autor como consecuencia de su delito, no siendo necesario reforzar el sentimiento de vigencia de la norma»[235].

Asimismo, con este trabajo, se propone que, si no se aplica la eximente de responsabilidad penal por obrar ante un estado de necesidad, se aplique la pena natural como atenuante analógica.

En España la pena natural no se encuentra consagrada de forma expresa. Por ello, con esta investigación se defiende la cabida de aquella como atenuante analógica en aquellos supuestos de correos de la droga.

El art. 21.7.ª del Código Penal expone: «Son circunstancias atenuantes: (...) Cualquier otra circunstancia

---

234 *Ibidem.*

235 *Ibidem.*

de análoga significación que las anteriores». De este modo, se prevén las llamadas atenuantes analógicas.

Por tanto, la *poena naturalis* puede ser contemplada como atenuante analógica. Así se trae a colación la sentencia dictada por el Tribunal Supremo 424/10 que contempla la teoría de la pena natural para atenuar la responsabilidad criminal de aquella persona que, como consecuencia de los propios hechos delictivos, ha sufrido un daño de determinada magnitud.

En su consecuencia, respecto a la problemática objeto de este trabajo de investigación, se sostiene la idoneidad de la pena natural como posible atenuante analógica en tanto el propio mal que se pretende evitar con la conducta delictiva y el descubrimiento, pobreza continuada y todas las consecuencias morales y de traslado que supone la acción, ya se entiende como daño sufrido de una magnitud agravada.

V.- Penas alternativas a la prisión

«El ideal no es más que la verdad a distancia»

Alphonse de Lamartine

En consonancia con lo indicado de la dureza de las penas en algunos casos de tráfico de drogas, como pueden ser algunos casos relativos a los correos de la droga, se propone la imposición de penas alternativas a la pena de prisión.

La pena de prisión se presenta como la principal consecuencia jurídica de los delitos y es considerada como la herramienta tendente a luchar contra la criminalidad, por lo que las prisiones conforman una de las soluciones indispensables a la delincuencia. Sin embargo, en muchos sectores es necesario reducir su ámbito de aplicación, a través del establecimiento de un elenco de penas o medidas alternativas a la pena privativa de libertad o la reducción de la misma para casos más graves[236]. Todo ello estudiando las circunstancias del caso concreto.

El control del uso y, a veces abuso, de la utilización de la pena de prisión tiene una repercusión en la llamada sobrepoblación carcelaria[237] que, en países de América Latina incluso se ven enfrentados al «hacinamiento carcelario»[238], lo cual conlleva una ineludible violación de los Derechos Humanos, en adelante DDHH[239].

Se pueden estudiar las siguientes medidas alternativas a la pena privativa de libertad:

1. Expulsión de extranjeros del territorio nacional

Al hilo de lo anterior, y como se ha adelantado, se propone que tras el estudio del caso, se busquen alternativas a las penas de prisión como puede ser

---

236 Sanz Mulas, N., «Penas alternativas a la prisión», en *revista de la Asociación de Ciencias Penales de Costa Rica,* núm. 1, 2003, p. 28.

237 Nieto Martín, A., Muñoz de Morales Romero, M. y Rodríguez Yagüe, C., «Alternativas a la prisión: una evaluación sobre su impacto en la población penitenciaria española», en *Revista General de Derecho penal,* núm. 28, 2017, p. 1.

238 Alavardo Alvardo, L.F., y Ochoa Merino, D.D., «La sobrepoblación carcelaria en el Ecuador como causa de la vulneración de los derechos humanos de las personas privadas de la libertad», en *RECIAMUC*, vol. *6*, núm. 3, 2022, p. 250.

239 Guerrero Vela, B., «El hacinamiento carcelario en Ecuador», en *Revista Caribeña de Ciencias Sociales,* núm. 9, 2020, p. 1.

la expulsión judicial de los extranjeros o procesados. Entre otras, esta medida tiene como objetivo evitar el establecimiento de personas delincuentes en España. También encuentra su regulación la Ley de Extranjería, puesto que a partir de 1995 establece la posibilidad de expulsar a extranjeros como una medida de sustitución de la intervención penal[240].

2. Suspensión de las penas privativas de libertad

La suspensión de la ejecución de las penas privativas de libertad encuentra su regulación en los artículos 80-87 del CP y, aúna las figuras anteriores a la LO 1/2015, de 30 de marzo (suspensión y sustitución de las penas) en un mismo concepto. La suspensión constituye una medida que tiene por objetivo dejar en suspenso la ejecución de las penas de prisión para evitar la ejecución de la pena tras entender y analizar que no hace falta para evitar que el sujeto activo vuelva a delinquir en los mismos términos en tiempos futuros. La modalidad de suspensión ordinaria, que tiene carácter facultativo en virtud de las circunstancias concretas del caso en cuestión, y está destinada a la suspensión cuando la pena de prisión no supere los dos años o aquellas cuya suma no supere los dos años. En estos casos, el juez tendrá que analizar las circunstancias del delito que se ha cometido, los antecedentes del penado, la conducta posterior al tipo cometido, la voluntad reparadora y las expectativas que conllevaría la suspensión[241]. Como se observa en la figura 11, el número de suspensiones y sustitucio-

---

240 Nieto Martín, A., Muñoz de Morales Romero, M. y Rodríguez Yagüe, C., «Alternativas a la prisión...», *op. cit.,* p. 11.

241 *Ibidem,* p. 19.

nes de condena ha ido teniendo un aumento a lo largo de los últimos años.

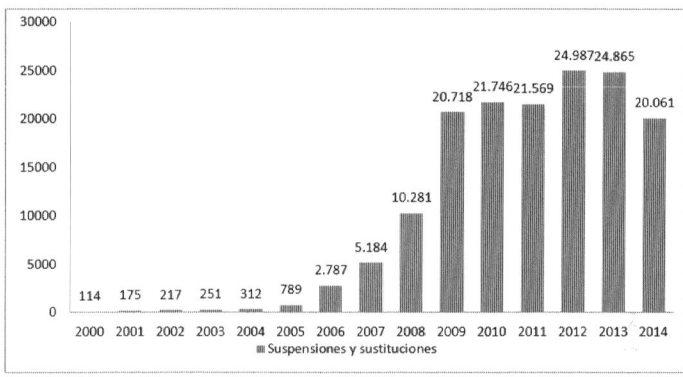

Figura 11: Evolución anual de las suspensiones y sustituciones de condena. Fuente: Nieto Martín, A., Muñoz de Morales Romero, M. y Rodríguez Yagüe, C., "Alternativas a la prisión: una evaluación sobre su impacto en la población penitenciaria española", en *Revista General de Derecho penal*, núm. 28, 2017, p. 27.

En este sentido, la Recomendación 87 (18) del Consejo de Europa dispone como conducto para reducir la población penitenciaria «que la autoridad competente de la persecución del delito subordine la no continuación del procedimiento al cumplimiento de determinadas condiciones, por ejemplo, el pago de una suma de dinero o la sumisión a una medida de *probation*». Aunque si bien es cierto, que este condicionamiento de pago de una cantidad de dinero no tendría sentido en el caso de los correos de la droga en tanto que en la mayoría de los casos se trata de personas pobres, por lo que no podrían hacer frente a ello[242].

En consonancia con ello, también la Recomendación (2000) 22, indica como novedad que el hecho de que el sujeto activo sea reincidente no implica la dene-

---

242 *Ibidem,* p. 40.

gación de la suspensión. La Recomendación 99(22) dispone que[243]:

> «El legislador debe establecer principios de la elección del castigo con el objetivo de reducir el uso de la prisión, incrementar el uso de penas alternativas y favorecer el uso de medidas extrajudiciales, como la compensación y la mediación de la víctima». En palabras de CID MOLINÉ se echa en falta en el ordenamiento español el establecimiento de un criterio de prioridad para las penas alternativas que dé lugar a recurrir a la prisión solo «cuando ninguna de las sanciones alternativas existentes esté en condiciones de conseguir el objetivo de la rehabilitación».

En el caso español el juez tiene discrecionalidad para aplicar una pena privativa de libertad o una pena alternativa a la misma[244]. Sin embargo, hay una tendencia a la imposición de una pena de prisión en los casos de tráfico de drogas, aunque sean casos no tan graves como otros existentes.

La Resolución (70)1 y la Recomendación (92)16 indican que es necesario que los jueces tengan un informe previo relativo al infractor para poder decidir sobre la pena definitiva a imponer. El propio CP, en su art. 80.1 alude al «pronóstico razonable de que la ejecución de la pena no sea necesaria para evitar la comisión futura por el penado de nuevos delitos», para lo cual se atiende a las circunstancias del hecho delictivo y a las circunstancias personales del infractor, entre otros factores. Ahora bien, es condición ineludible que durante el tiempo de suspensión, el infractor no vuelva a delinquir, pues sería revocada la misma[245].

---

243 *Ibidem,* p. 41.

244 *Ibidem.*

245 *Ibidem.*

3. Expulsión del territorio nacional después del enjuiciamiento

Las penas de prisión impuestas a personas extranjeras pueden ser sustituidas por la expulsión del penado del territorio español. Esta pena se encuentra regulada en el art. 89 del CP que expone: «1.º) Las penas de prisión de más de un año impuestas a un ciudadano extranjero serán sustituidas por su expulsión del territorio español».

VI.- Aporofobia

«Desgraciadamente, la vida cotidiana no puede entenderse sin poner nombre a ese mundo de fobias (...) que consisten en el rechazo a personas concretas por tener una característica que las inscribe en un determinado grupo al que se desprecia o teme, o ambas cosas a la vez, precisamente por gozar de esa característica. En ese mundo existe el rechazo al pobre, la aporofobia».

Adela Cortina

1. Concepto

El término de aporofobia fue acuñado y defendido por Adela CORTINA, quien en el año 1998 lo utilizaba por primera vez en una columna que publicó y tituló «aporofobia» para explicar que la base de muchos temas, como pueden ser la inmigración, el terrorismo o los procesos de paz, es el rechazo, aversión y miedo a las personas pobres. Todo ello, sobre la convicción de que en realidad cuando se rechaza a una persona que, además de ser extranjera es pobre, lo que realmente se rechaza es la pobreza y no la procedencia[246].

---

246 CORTINA ORTS, A., *Aporofobia, el rechazo al pobre. Un desafío para la democracia,* Paidós Estado y Sociedad, Barcelona, 2017, p. 21: «Y es que no repugnan los orientales capaces de comprar

La existencia de un término con el que referirse a dicha forma de discriminación devenía indispensable para poder diagnosticarla de una manera correcta y precisa[247].

El aludido vocablo que se viene analizando encuentra su origen etimológico en el griego, puesto que la palabra *áporos,* en griego, alude a aquella persona pobre que no tiene recursos. De este modo, al igual que sucede con otras formas de discriminación, como la xenofobia o la homofobia, CORTINA ORTS construyó el término de «aporofobia». Tras su solicitud en el año 2000 en un artículo publicado en El País, solicitaba a la Real Academia Española su incorporación al diccionario como «dícese del odio, repugnancia u hostilidad ante el pobre, el sin recursos, el desamparado»[248]. En el año 2017 fue introducido como la «fobia a las personas pobres o desfavorecidas»[249]. También fue elegida ese mismo año como palabra del año por FUNDEU BBVA[250]. A pesar de dicho reconocimiento, aún quedan muchos esfuerzos para poder garantizar la protección de las personas pobres y excluidas socialmente[251].

---

equipos de fútbol o de traer los que en algún tiempo se llamaban petrodólares, ni los futbolistas de cualquier etnia o raza, que cobran cantidades millonarias pero son decisivos a la hora de ganar competiciones. Ni molestan los gitanos triunfadores en el mundo del flamenco, ni rechazamos a los inversores extranjeros que montan en nuestro país fábricas de automóviles, capaces de generar empleo, centro de ocio, a los que se da el permiso de fumar en sus locales y bastantes privilegios más. Y todo ese largo etcétera de aportaciones extranjeras que aumentan el PIB».

247 *Ibidem*, p. 22.

248 *Ibidem*, p. 24.

249 RAE, [9 de diciembre de 2024] https://dle.rae.es/aporofobia

250 FUNDEU, [8 de diciembre de 2024] https://www.fundeu.es/recomendacion/aporofobia/

251 BARRAGÁN LÓPEZ, M., «La victimización de los inmigrantes sin hogar: una manifestación de aporofobia», en VARONA MARTÍNEZ,

Con la construcción del meritado término se persigue también el reconocimiento de la existencia de la problemática, para así estudiar sus causas y posibles soluciones. Parte CORTINA ORTS de la convicción de que «el pobre no resulta rentable» y por ello se le rechaza y discrimina. La aporofobia es un tipo de discriminación que se diferencia de todas las demás, ya que la pobreza involuntaria no constituye un rasgo de la identidad de las personas y no es algo que se elija. Sin embargo, el odio a las personas pobres es una cuestión de base educativa, de ahí la necesidad de enfocarse en la educación de las personas, además de constituir instituciones económicas y políticas tendentes a erradicar la pobreza a través de la construcción de la igualdad[252]. Como consecuencia, es necesario el diseño y desarrollo «de medidas concretas que se construyan sobre el pilar de la igualdad como principio de informar una política alternativa a las actuales»[253].

Expone CORTINA ORTS que existe una tendencia a posicionarse al lado del que está mejor posicionado[254], lo cual es confirmado por TERRDILLOS BASOCO cuando habla de la plutofília frente a la aporofobia[255]. Del mismo modo, se puede encontrar una tendencia a rechazar a aquellas personas que «no parecen poder ofrecer muchas ventajas». Ante ambas posiciones opuestas, cabe advertir de la necesariedad de tomar conciencia de la problemática[256] como una realidad

---

G., *Victimología y violencia: conectar con las víctimas,* Aranzadi, Pamplona, 2023, p. 201.

252 CORTINA ORTS, A., *Aporofobia…, op. cit.,* p. 43.

253 BUSTOS RUBIO, M., *Aporofobia…, op. cit.,* pp. 55 y 56.

254 CORTINA ORTS, A., *Aporofobia…, op. cit.,* p. 43.

255 TERRADILLOS BASOCO, J., *Aporofobia…, op. cit.,* p. 59.

256 CORTINA ORTS, A., *Aporofobia…, op. cit.,* p. 44.

existente y desplazarse hacia la humanidad exigida para posibilidad la convivencia pacífica en sociedad.

El denominado «Principio de Intercambio» puede explicar lo anterior de manera esclarecedora. En los últimos tiempos se viene poniendo de relieve la sustitución del llamado *homo economicus* por el *homo reciprocans,* es decir, el hombre capaz de dar y recibir, de reciprocar y cooperar. Dicho intercambio constante conlleva un beneficio para el grupo, para la sociedad. Esto quiere decir que todo acto espera un acto de reciprocidad, un retorno[257].

En la actualidad se pueden encontrar diversas asociaciones cuyo objetivo principal es la protección de las personas pobres y excluidas sociales, incluso asociaciones más específicas de protección a personas sin hogar. Este es el caso del Observatorio Hatento cuyo objetivo principal es «promover, garantizar y proteger los derechos fundamentales de las víctimas del sinhogarismo», apostando por una responsabilidad colectiva que genere soluciones a la problemática del sinhogarismo[258].

2. La aporofobia en el Código Penal español

A pesar de la alusión al pobre, a través de la aporofobia, en el código penal, no siempre existe una atención por parte de las instituciones que permitan una protección integral y efectiva de los más necesitados.

Se encuentra una situación de indefensión y vulnerabilidad que culmina en un proceso de aporofobia, de discriminación, rechazo y olvido de las personas

---

257 *Ibidem.*

258 HOGAR SÍ, [31 de diciembre de 2024] https://hogarsi.org/somos/

pobres, mediante una actitud de desprecio reflejada en una desatención generalizada, es decir, un olvido y rechazo a través de una omisión[259].

3. El pobre como sujeto peligroso

«El sistema penal es excluyente en la medida en que hereda y refuerza la situación de exclusión social preexistente: la define, la criminaliza y le da respuesta punitiva. Integran así el Derecho penal de exclusión el conjunto de normas penales que potencian —activa u omisivamente— las situaciones de exclusión social»[260].

Juan Terradillos

Bustos Rubio afirma la existencia de un Estado aporófobo por exceso y por defecto. Por exceso, puesto que en diversas ocasiones el sistema rechaza a las personas pobres y las aleja de lo considerado normalidad social y política. De este modo, el pobre es estigmatizado como sujeto peligroso y criminalizado por el Código Penal a través del diseño de delitos que suelen ser cometidos por aquellas personas pobres y excluidas socialmente, a los que se les condena con penas exacerbadas por la comisión de delitos de bagatela[261]. Ante ello, se puede hablar de un Derecho penal de bagatela por una criminalización exacerbada de la pobreza[262].

En este sentido, y en palabras de Wacquant, se puede hablar de «la adopción de políticas punitivas

---

259 Cortina Orts, A., *Aporofobia...*, *op. cit.,* pp. 31 y 32.

260 Terradillos Basoco, J.M., *La deriva jánica de la política criminal contemporánea,* Bosh Editor, Barcelona, 2020, p. 58.

261 Bustos Rubio, M., *Aporofobia...*, *op. cit.,* p. 56.

262 Terradillos Basoco, J.M., *La deriva jánica..., op. cit.,* p. 83.

e impulsoras del mantenimiento del orden contra la delincuencia callejera y las categorías que quedan en los márgenes y las grietas del nuevo orden económico y moral caracterizado tanto por el capital financializado como por la flexibilización laboral»[263]. En este sentido, se pronuncia TERRADILLOS BASOCO[264] y manifiesta que el Derecho penal es condescendiente con el rico (derecho penal plutofílico) y excluyente con el pobre, que lo identifica como el enemigo.

Antes de continuar, es menester aclarar que existen diversas vertientes penales alrededor del enemigo para el Derecho penal, pero basta decir que SILVA SÁNCHEZ[265] dispone que «es enemigo para el Derecho penal aquel ser humano y solo aquel ser humano, al que, en la medida en que se le considere frente al malestar para quienes tienen poder jurídico de definición, se le niega toda protección penal (y aun jurídica). Dicha denegación de protección tiene lugar mediante su definición como no-persona en absoluto. En este sentido estricto es no-persona para el Derecho penal aquel ser humano, y solo aquel ser humano, cuyo sustrato antropológico se deconstruye jurídica y/o filosóficamente, siendo reconstruido como un ente perteneciente al Derecho de cosas». Así, el considerado no deseado es para el Derecho penal visto como un agresor, es decir, como una amenaza para la sociedad, bienes y libertades, viéndose deshumanizado y considerado enemigo[266].

---

263 WACQUANT, L. *Castigar a los pobres. El gobierno neoliberal de la inseguridad social.*, 2010, Gedisa, Barcelona, p. 3.

264 TERRADILLOS BASOCO, J.M., *La deriva jánica...*, *op. cit.,* p. 71.

265 SILVA SÁNCHEZ, J.M., «Los indeseados como enemigos. La exclusión de seres humanos del *status personae*», *Revista Electrónica de Ciencia Penal y Criminología,* núm. 09-01, 2007, p. 4.

266 *Ibidem.*

En la misma línea, TERRADILLOS BASOCO, citando una frase de GALEANO[267], apunta la existencia de un articulado en el Código Penal español en el que se encuentran múltiples preceptos que se identifican con la criminalización exacerbada de la pobreza. A modo de ejemplo, se puede resaltar la rebaja de la pena mínima de prisión a tres meses que hubo con la LO 15/2003 o la transformación de la reiteración de faltas en delito. También se puede recordar que la LO 1/2015 trajo consigo unas reformas con las que se castiga como delito cualquier hurto, aunque sea de cuantía ínfima, que en el caso de concurrir las agravantes del art. 235 CP puede resultar una pena de prisión de hasta dieciocho meses[268]. Indudablemente se trata de reformas que atacan especialmente a los más desfavorecidos y pobres por la propia conformación y esencia del tipo, en tanto que en términos generales, por ejemplo del delito de hurto, suele ser cometido por personas necesitadas que, con este articulado, es identificado como indeseado.

BUSTOS RUBIO pone de manifiesto que la globalización y los nuevos flujos migratorios, traen consigo la ampliación de las políticas de rechazo al pobre a quienes son considerados como una amenaza para «la integridad y los valores del Estado». Recuerda además el nacimiento de las políticas de Tolerancia Cero nacidas en Nueva York que castigan la delincuencia de menor entidad la cual ataña principalmente a colec-

---

267 GALEANO, E., *Patas arriba. La escuela del mundo al revés,* Catálogos, Buenos Aires, 2006, p. 5: «Los pobres son pobres, como es natural, porque solo los pobres van presos en países donde nadie va preso cuando se viene abajo un puente recién inaugurado, cuando se derrumba un banco vaciado o cuando se desploma un edificio construido sin cimientos».

268 TERRADILLOS BASOCO, J.M., *La deriva jánica..., op. cit.,* pp. 82 y 83.

tivos como los «sin hogar» que se encuentran en los centros de las grandes ciudades, que son controlados de una manera exacerbada por la policía y el sistema judicial que criminaliza y persigue a los más desfavorecidos que duermen en lugares públicos[269].

Como se ha puesto que afirma BUSTOS RUBIO, el sistema político y el jurídico también pueden ser aporófobos por defecto. Esto se debe a que el Estado se encarga de otorgar los medios necesarios para finalizar con el problema social existente y, sin embargo, no lo hace. De hecho, en vez de ello, en diversas versiones aparta y margina al pobre de la vista social, tachándolo de sujeto peligroso. Por ello, no se encuentran soluciones eficaces a través de políticas intervencionistas que erradiquen el problema de raíz. Ahora bien, aunque es cierto que en el discurso político se encuentran sesgos protectores de las personas más pobres y vulnerables, no es así en la práctica, ya que las políticas sociales tendentes a erradicar la pobreza son en todo caso ineficaces e insuficientes[270].

También dicha aporofobia se observa en el plano estrictamente jurídico mediante un articulado del Código Penal que, como ya se ha indicado con anterioridad, ayuda al poderoso, rico y bienaventurado, pero castiga de manera exacerbada al más vulnerable y necesitado.

---

269 BUSTOS RUBIO, M., *Aporofobia..., op. cit.,* p. 57.
270 *Ibidem,* p. 61.

CAPÍTULO IV
CUESTIONES PROBATORIAS Y ANÁLISIS DEL CASO

«La justicia, para ser tal, ha de ser para todos,
y para todos por igual, pues si no dejaría de ser justicia».

Juan Pedro Cosano

I.- Cuestiones probatorias, aporofobia y dificultades de acceso a la justicia

La dificultad probatoria entorno a los correos de la droga tiene su consecuencia principal en la situación socioeconómico del acusado que, como se ha expuesto con anterioridad, suelen ser personas pobres, motivo por el cual sus defensas suelen ser muy precarias de forma que, incluso en ocasiones, a pesar de la verdadera existencia de una situación de penuria, ésta no puede ser probada por la defensa[271].

En cumplimiento del art. 119 de la Carta Magna, la Ley de Asistencia Jurídica Gratuita hace posible el

---

271 Cigüela Sola, J., *Crimen y castigo ..., op. cit.,* p. 314.

acceso a la tutela judicial efectiva por parte de los más desfavorecidos[272].

Sin embargo, en el proceso penal se pueden encontrar ápices de aporofobia, pero no en la tutela y garantía de los derechos del pobre por parte del juzgador, sino en las dificultades que encuentra aquel para acceder a la justicia[273].

En tanto sujeto pasivo del derecho a la justicia gratuita, el pobre tiene la posibilidad de defender sus derechos con asistencia letrada, pero las oportunidades de acceder a la justicia en idénticas condiciones al que tiene recursos económicos distan sobremanera.

En múltiples ocasiones el cliente es una persona extranjera con escaso conocimiento de la lengua española, por lo que la comunicación de la misma con su Letrado se torna complicada, siendo aquella indispensable para una adecuada defensa de sus derechos e intereses. En este sentido, el Defensor del pueblo, en

---

272 «Los derechos otorgados a los ciudadanos por los artículos 24 y 25 de la Constitución son corolario evidente de la concepción social o asistencial del Estado Democrático de Derecho, tal y como ha sido configurado por nuestra Norma Fundamental. En lógica coherencia con los contenidos de estos preceptos constitucionales, y al objeto de asegurar a todas las personas el acceso a la tutela judicial efectiva, el artículo 119 del propio texto constitucional previene que la Justicia será gratuita cuando así lo disponga la ley y, en todo caso, respecto de quienes acrediten insuficiencia de recursos para litigar. Con todo ello, nuestra Norma Fundamental diseña un marco constitucional regulador del derecho a la tutela judicial que incluye, por parte del Estado, una actividad prestacional encaminada a la provisión de los medios necesarios para hacer que este derecho sea real y efectivo incluso cuando quien desea ejercerlo carezca de recursos económicos».

273 OLLÉ SESÉ, M., «Aporofobia, culpabilidad y proceso penal», en *Congreso Internacional, APOROFOBIA Y DERECHO PENAL EN EL ESTADO SOCIAL,* Universidad Deusto, 2021.

cumplimiento con el art. 62 Bis de la Ley de Extranjería[274], es decir, en aras de garantizar los derechos de los extranjeros internados, advierte sobre la necesidad de ser asistido por su Letrado junto a un intérprete para asegurar la defensa del asistido. Señala el Defensor del Pueblo, que cuando la Administración no otorgue eficazmente un servicio de interpretación, el letrado puede acudir al colegio y solicitar una colaboración por parte de los servicios de interpretación que tenga dicho colegio a su disposición[275].

No obstante lo anterior, asociaciones de profesionales y de juristas vienen denunciando las carencias e insuficiencias del precitado servicios de traducción e interpretación, no solo en los establecimientos penitenciarios, sino en los propios juzgados. Aluden a la baja calidad de los servicios contratados, ya que la Administración viene externalizando los servicios de interpretación y traducción, los cuales no siempre están desempeñados por personal cualificado[276].

---

274 «1. Los centros de internamiento de extranjeros son establecimientos públicos de carácter no penitenciario; el ingreso y estancia en los mismos tendrá únicamente finalidad preventiva y cautelar, salvaguardando los derechos y libertades reconocidos en el ordenamiento jurídico, sin más limitaciones que las establecidas a su libertad ambulatoria, conforme al contenido y finalidad de la medida judicial de ingreso acordada. En particular, el extranjero sometido a internamiento tiene los siguientes derechos: (…) f) A ser asistido de abogado, que se proporcionará de oficio en su caso, y a comunicarse reservadamente con el mismo, incluso fuera del horario general del centro, cuando la urgencia del caso lo justifique. (…) h) A ser asistido de intérprete si no comprende o no habla castellano y de forma gratuita, si careciese de medios económicos».

275 DEFENSOR DEL PUEBLO, «Informes, estudios y documentos: Informe sobre asistencia jurídica a los extranjeros en España», en *Publicaciones,* Madrid, 2005, p. 184.

276 ICA MÁLAGA, [15 de agosto de 2024] https://www.icamalaga-blog.com/2012/07/la-situacion-de-la-interpretacion.html

Continua el Defensor del Pueblo advirtiendo que el letrado puede acudir a un centro penitenciario en compañía de un intérprete particular, para que le auxilie en su función letrada, para garantizar el derecho a la asistencia letrada y a la comunicación de carácter reservada entre el letrado y el asistido. Pero no cualquier persona puede hacer frente al pago de un servicio de traducción e interpretación, por lo que una persona sin recursos económicos no podrá garantizar la defensa y tutela de sus derechos e intereses si no puede contratar de forma particular a un intérprete cuando la Administración no le facilita uno que colabore y facilite la comunicación con su Letrado[277]. De este modo, la Directiva 2010/64/UE del Parlamento Europeo y del Consejo de 20 de octubre de 2010 relativa al derecho a interpretación y a traducción en los procesos penales, advierte de la exigencia de un servicio de calidad suficiente haciendo referencia al derecho a interpretación[278] y al derecho a la traducción de documentos esenciales[279],

---

277 DEFENSOR DEL PUEBLO, «Informes, estudios..., *op.cit.,* p. 184.

278 Art. 2.8: «La interpretación facilitada con arreglo al presente artículo tendrá una calidad suficiente para salvaguardar la equidad del proceso, garantizando en particular que el sospechoso o acusado en un proceso penal tenga conocimiento de los cargos que se le imputan y esté en condiciones de ejercer el derecho a la defensa».

279 *Ibidem,* art. 3.5 y 3.9 «Los Estados miembros velarán por que, con arreglo a los procedimientos previstos por el derecho nacional, el sospechoso o acusado tenga derecho a recurrir una decisión que establezca que no es necesaria la traducción de documentos o de pasajes de los mismos y, cuando se haya facilitado una traducción, la posibilidad de presentar una reclamación porque la calidad de la traducción no es suficiente para salvaguardar la equidad del proceso.» (...) «La traducción facilitada con arreglo al presente artículo tendrá una calidad suficiente para salvaguardar la equidad del proceso, garantizando en particular que el sospechoso o acusado tiene conocimiento de los cargos que se le imputan y está en condiciones de ejercer el derecho a la defensa.»

destinando un artículo íntegro a dicha necesidad de calidad del servicio[280].

Dicha comunicación letrado-asistido deviene complicada también por la dificultad en la localización permanente del cliente, ya que éste cuando tiene una situación socioeconómica vulnerable y no cuenta con un teléfono móvil al que poder llamarle[281], y aún más ardua cuando no tiene un domicilio por encontrarse en situación de «sinhogarismo», no pudiendo ser localizados por su habitual nomadismo[282].

Además, la falta de un hogar y, en muchas ocasiones, la relación del asistido con sus familiares que puedan tener consigo documentación necesaria que le atañe a su persona, supone no ostentar la documentación necesaria que pueda resultar imprescindible para probar alguna cuestión en un procedimiento judicial. Esto puede llevar a una conformidad que, de tener la documentación probatoria necesaria, podría evitarse, llegando a la celebración de un juicio cuya

---

280 *Ibidem,* art. 5: «1. Los estados miembros tomarán medidas para garantizar que la interpretación y la traducción facilitadas se ajusten a la calidad exigida con arreglo al artículo 2, apartado 8, y el artículo 3, apartado 9. 2. Con objeto de fomentar la idoneidad de la interpretación y traducción, así como un acceso eficaz a las mismas, los Estados miembros se esforzarán por establecer uno o varios registros de traductores e intérpretes independientes debidamente cualificados. Una vez establecidos dichos registros se pondrán, cuando proceda, a disposición de los abogados y las autoridades pertinentes. 3. Los Estados miembros garantizarán que los intérpretes y traductores respeten el carácter confidencial inherente a los servicios de interpretación y traducción facilitados de conformidad con la presente Directiva».

281 EL PAÍS, [15 de julio de 2024] https://elpais.com/elpais/2017/12/08/planeta_futuro/1512739314_152646.html

282 *Cfr.* CABRERA, P.J., Y RUBIO M.J., «Personas sin techo en Madrid: Diagnóstico y propuestas de actuación», en *Plan de atención integral a personas sin hogar en la Comunidad de Madrid,* 2003.

sentencia podría ser más favorable para el defendido que de llegar a una conformidad[283].

En consecuencia, el pobre encuentra desigualdad en el acceso a la justicia, en cuanto no tiene las mismas oportunidades que el que cuenta con recursos económicos para hacer frente a una defensa de sus derechos e intereses que le permita demostrar sus alegaciones de forma plena e íntegra.

II.- Estudio jurisprudencial

En este apartado se hará un análisis jurisprudencial con la finalidad de observar cuál viene siendo la práctica judicial respecto a los casos de correos de la droga, y así poder ser conscientes de la realidad entorno al referido colectivo en el ámbito penal.

1. La inaplicación de la eximente de necesidad en el relato jurisprudencial

En este apartado se hará un análisis de diferentes sentencias para apreciar cuál es la línea que vienen aplicando los tribunales españoles en casos de correos de la droga en los que son detenidos por tráfico de drogas en España. Así, se pretender mostrar

---

283 Gaddi, D., «Materiales para una conformidad restaurativa», en *Estudios Penales y Criminológicos,* 2020, p. 1004: «Las sentencias por conformidad representan la solución más frecuente de los procesos penales en España. Se calcula que alrededor de un 70% de las sentencias emitidas en el 2018, tanto condenatorias como absolutorias, fueron en conformidad con la posición del Fiscal, concretamente el 70 % en los Juzgados de lo Penal y el 71 % ante las Audiencias Provinciales. En los juicios rápidos, las conformidades han llegado en 2018 a representar el 90 % de las sentencias condenatorias».

la inaplicación de las herramientas legales existentes para hacer frente al tráfico de los correos de la droga.

La sentencia 502/2011 de 7 de diciembre, Rec. 91/2011, dictada por la Audiencia Provincial, en adelante AP, de Madrid, presenta los siguientes hechos probados:

«Se declara probado que sobre las 20 horas del 31 de marzo de 2011, Fermín , nacido en Nigeria 3-5- 1975 sin antecedentes penales, llegó al aeropuerto de Madrid Barajas en un vuelo de la compañía Iberia NUM002 compartido con el vuelo NUM003 procedente de Casablanca, Marruecos portando en el interior de su organismo 50 cuerpos extraños que contenían cocaína, con un peso neto total de 1086 gramos y una pureza de 58,5 % para destinarla al tráfico, cuya venta habría arrojado unos beneficios de 85.173,89 euros.

El acusado ha manifestado que le habían ofrecido la cantidad de 2.500 euros por transportar la droga.

El acusado se halla privado de libertad por esta causa desde el 31 de marzo de 2011».

Y falla lo siguiente:

«Debemos condenar y condenamos a Fermín como autor responsable de un delito de tráfico de drogas, previsto en el artículo 368 del Código Penal , a la pena de CINCO AÑOS DE PRISIÓN, inhabilitación especial para el ejercicio del derecho de sufragio pasivo durante el tiempo de la condena, comiso de la droga intervenida y multa de 2.500 euros, condenándole al pago de las costas procesales causadas.

Para el cumplimiento de la pena impuesta abónese a la penada el tiempo que haya estado privada de libertad por esta causa en la forma determinada por la ley.

Fórmese la correspondiente pieza de responsabilidad civil para la exigencia de las responsabilidades pecuniarias establecidas en esta sentencia.

Se decreta el comiso de la droga intervenida, debiendo ser destruida vez sea firme esta resolución, dejando constancia en autos convenientemente.

Notifíquese la presente resolución en la forma señalada en el artículo 248.4 de la Ley Orgánica del Poder Judicial , con instrucción a las partes de que la misma no es firme, y que contra ella cabe interponer recurso de casación, que habrá de prepararse, en la forma prevista por los artículos 854 y 855 de la Ley de Enjuiciamiento Criminal , dentro de los cinco días siguientes a su última notificación».

Deviene indispensable resaltar que «La defensa ha invocado como circunstancia atenuante muy cualificada la analógica de estado de necesidad del artículo 21.7 en relación con el artículo 20.5 alegando que el acusado hizo el transporte a causa de una enfermedad de su esposa y debido a que padece una enfermedad crónica que le impedía trabajar y contar con medios económicos para ayudar a su cónyuge». Para la no aplicación de la precitada circunstancia modificativa de la responsabilidad penal, alude a una STS número 129/2001, de 10 de Marzo, Ponente Sr. Berdugo y Gómez de la Torre, que establece:

«En relación a la no aplicación de la eximente incompleta o atenuante analógica de estado de necesidad, este tribunal de casación en innumerables sentencias, de las que pueden citarse como muestra las SSTS. 231/2000 de 15.2 ,1629/2002 de 2.10,924/2003 de 23.6,359/2008 de 19.6,468/2009 de 30.4,1216/2009 de 3.12,13/2010 de 21.1y853/2010 de 15.10, entre las más recientes, tiene una línea establecida de forma constante sobre el aspecto debatido en esta litis. A propósito de la penuria económica en viajes de ultramar con objeto de conseguir numerario suficiente, como contraprestación a tal traslado con objeto de difusión de sustancias estupefacientes , particularmente cocaína, con la finalidad de atenuar determinadas situaciones personales, como graves apuros económicos, o enfermedades de hijos o familiares muy cercanos, la jurisprudencia se ha decantado en sentido negativo, señalando (Sentencia de 1 de octubre de 1999) que el estado de necesidad , como circunstancia eximente, semieximente o incluso como atenuante analógica, ha sido reiteradamente estudiado por la jurisprudencia pues no en balde se trata de una situación límite en la que el equilibrio, la ponderación y la ecuanimidad de los Jueces han de marcar la frontera entre lo permitido y lo prohibido. De un lado, para ponderar racionalmente situaciones en las que el sujeto tiene que actuar a impulso de móviles inexorables legítimos, y de otro, para evitar, expansivamente impunidades inadmisibles, con quiebra de la propia seguridad jurídica, si cualquier conflicto de intereses abocara a la comisión del delito - Sentencia del Tribunal Supremo de 26 enero 1999 -. Las Sentencias de 29 de mayo de 1997, 14 de octubre de 1996 , 23 enero , 9 y 27 abril 1998 y 20 mayo 1999 , siguiendo lo ya señalado por la Sentencia de 5 de noviembre de 1994 dicen que cinco son los requisitos que deben concurrir para poder estimar el estado de necesidad como eximente:

a) pendencia acuciante y grave de un mal propio o ajeno, que no es preciso haya comenzado a producirse, bastando con que el sujeto de la acción pueda apreciar la existencia de una situación de peligro y riesgo intenso para un bien jurídicamente protegido y que requiera realizar una acción determinada para atajarlo.

b) necesidad de lesionar un bien jurídico de otro o de infringir un deber con el fin de soslayar aquella situación de peligro.

c) que el mal o daño causado no sea mayor que el que se pretende evitar, debiéndose ponderar en cada caso concreto los intereses en conflicto para poder calibrar la mayor, menor o igual entidad de los dos males, juicio de valor que a posteriori corresponderá formular a los Tribunales de Justicia.

d) que el sujeto que obre en ese estado de necesidad no haya provocado intencionadamente tal situación y;

e) que ese mismo sujeto, en razón de su cargo u oficio, no esté obligado a admitir o asumir los efectos del mal pendiente o actual. En ampliación de los requisitos jurídicos antes dichos, hay ahora que resaltar las siguientes prevenciones, que van a hacer inviable el estado de necesidad:

1.º La esencia de esta eximente radica en la inevitabilidad del mal, es decir, que el necesitado no tenga otro medio de salvaguardar el peligro que le amenaza, sino infringiendo un mal al bien jurídico ajeno.

2.º El mal que amenaza ha de ser actual, inminente, grave, injusto, ilegítimo, como inevitable es, con la proporción precisa, el que se causa.

3.º Subjetivamente la concurrencia de otros móviles distintos al reseñado enturbiaría la preponderancia de la situación eximente que se propugna.

4.º En la esfera personal, profesional, familiar y social, es preciso que se hayan agotado todos los recursos o remedios existentes para solucionar el conflicto antes de proceder antijurídicamente. Realmente es una cuestión en la que ha de procederse con extremada cautela. Mas, en cualquier caso, frente a unos hipotéticos males físicos o frente a una grave situación económica, no se pueden contraponer, como excusa, los gravísimos perjuicios que a la masa social se le irrogan con el tráfico de estupefacientes (ver la Sentencia de 14 de octubre de 1996), tales son la ruina personal, económica y social que con el tráfico se ocasiona a tantas personas. No cabe pues hablar de que el mal causado es igual o inferior al que se quiere evitar. De ahí que la jurisprudencia haya sido desde siempre proclive a entender que este delito no cabe ser compensado, ni de manera completa, ni incompleta, con la necesidad de tal remedio económico -Sentencia del Tribunal Supremo 292/1998, de 27 de marzo-. En consecuencia, no puede estimarse como circunstancia atenuatoria ni eximente de estado de necesidad para efectuar un viaje con la finalidad de transportar droga, el mero hecho de encontrarse en una situación económica deficiente, circunstancia que, lamentablemente, puede afectar a una generalidad de personas, que trate, sin embargo, de subsanarla por otros medios de carácter más lícitos -cfr. Sentencia del Tribunal Supremo de 6 julio 1999».

Para la no aplicación de la circunstancia de la responsabilidad penal aludida expone lo siguiente:

«Aplicando la doctrina expuesta al caso que nos ocupa ni consta que el acusado esté en la situación de necesidad invocada ni consta que haya agotado ante de la comisión del delito los recursos disponibles a su alcance para dar solución al problema sanitario de su esposa de forma lícita.

La defensa no ha solicitado durante la instrucción o durante el juicio un informe médico forense para valorar el certificado médico aportado y determinar si la dolencia que supuestamente padece la esposa del acusado es de riesgo vital y precisa de inmediato una intervención quirúrgica costosa y para determinar también si la enfermedad crónica que el acusado dice padecer le supone una incapacidad absoluta para todo trabajo y para la obtención de recursos. Por otra parte, tampoco se ha aportado prueba que acredite con suficiencia que la esposa del acusado no pueda ser atendida por la sanidad pública de su país. Por todo ello no existe prueba suficiente que acredite la situación de necesidad que se invoca y no procede estimar la atenuante analógica de referencia».

Ante todo lo anterior, cabe recordar la dificultad probatoria que en la mayoría de ocasiones se se encuentran las defensas los correos de la droga por varios motivos. Muchas veces los familiares de estas personas no tienen conocimiento del viaje que han realizado para cubrir una necesidad, quizás por vergüenza o miedo, quizás por evitar una condena social que, a veces, puede ser más dura que la judicial. También los tiempos que se otorgan para la aportación de prueba es escasa y no se puede equiparar la facilidad o rapidez burocrática de España con la de otros países. Así, cabe destacar que la SAP hace alusión a que no se ha demostrado si la sanidad pública atiende el tipo de enfermedad de la esposa, pero bien es sabido la dificultad de acceso a la misma cuando no se tiene un trabajo formal o los tiempos que a veces conlleva la atención. Por último, es indispensable resaltar la cantidad que iba a recibir por el traslado de la droga en su interior, concretamente 2.500 euros, pues se puede intuir la grave y urgente necesidad de adquirir dicha cantidad a pesar de poner en riesgo su vida con la ingesta y el largo viaje que se realizó.

Del mismo modo, cabe traer a colación la sentencia dictada por la AP de Madrid, número 887/2011, de 19 de septiembre, Rec. 59/2011, cuyos hechos probados son los siguientes:

«Ismael, mayor de edad y sin antecedentes penales, súbdito peruano sin residencia legal en España, sobre las 9:30 h. del día 10 de marzo de 2011 fue sorprendido en el Aeropuerto de Barajas (Madrid), cuando procedente de Caracas (Venezuela) portaba, en el interior de su organismo diversos envoltorios donde se encontraban 115'31 y 875'16 gramos de cocaína con una riqueza de 80'8 y 81'2 %, respectivamente, con la finalidad de enriquecerse mediante su distribución a terceras personas.

La sustancia intervenida tendría en el mercado al mayor un valor de 38.918 €».

Y, falla lo siguiente:

«delito contra la salud pública por tráfico de sustancias estupefacientes de las que causan grave daño a la salud del artículo 368 (LA LEY 3996/1995) y 369.5 del Código Penal (LA LEY 3996/1995) a la pena de 6 años y 1 día de prisión, más la pena de multa de 38.918 €, más la pena de inhabilitación especial para el ejercicio del sufragio pasivo durante el tiempo que dure la condena, más las costas del procedimiento.

Se decreta el comiso y la destrucción de la sustancia intervenida.

Para el cumplimiento de las penas impuestas, se abonarán al acusado todo el tiempo que hayan estado privada provisionalmente de libertad por esta causa.

Tramítese la pieza de responsabilidad civil».

Asimismo, al igual que en la sentencia analizada con anterioridad, el sujeto activo recibiría 800 euros y que ya había recibido otros 800 euros e hizo alusión a que se encontraba en una situación crítica, es decir, que le impulsaba a actuar así por un estado de necesidad, pero la sentencia dispone que nada se probó. Sí manifiesta la sentencia que la droga tenía un valor de 39.918 euros, y por ello se le condena en concepto de multa al pago de la misma cantidad. Una vez más, se recuerda el riesgo para la salud y para la vida de una persona que supone la ingesta de envoltorios de cocaína y el traslado en su organismo. Pero, a pesar de ello, el condenado decidió realizar el viaje por tanto solo 1.600 euros. Indudablemente, solo una situación de grave y urgente necesidad puede llevar a una persona a actuar así.

En este caso, tampoco se aprecia la eximente incompleta de estado de necesidad solicitado por la defensa por no concurrir los requisitos exigidos para su aplicación y a que «nada acreditó respecto a cuál era esa situación crítica a la que se refería, ni siquiera contó cual era esa situación, si tenía familia o trabajo». De nuevo se recuerda la dificultad probatoria que existen en estos casos donde los acusados son víctimas sociales y les envuelve una especial vulnerabilidad, lo cual debe traer consigo el trato por parte de los profesionales con una especial vulnerabilidad, que en este caso no se observa en la imposición de una multa de 39.918 euros, pues una persona que delinque por necesidad económica, difícilmente podrá hacer frente a dicho pago, por razones obvias.

Otra sentencia que se puede destacar es la dictada por la AP de Madrid, número 3/2008 de 16 de enero Rec. 55/2007 que presenta los siguientes hechos probados:

«Sobre las 8:40 horas del día 1 de febrero de 2007 el acusado, Esteban , mayor de edad y sin antecedentes penales, llegó al aeropuerto de Madrid-Barajas, procedente de Sao-Paulo, y con destino a Ámsterdam, llevando en el interior de su organismo 86 bolas de sustancia estupefaciente que, una vez analizada, resultó ser cocaína, con un peso neto de 934'8 grs y una pureza del 72'7 %, sustancia que el acusado pretendía entregar a otras personas para su distribución y que hubiera adquirido en el mercado ilícito un precio de 82.204 euros.

El acusado portaba un billete de vuelo de la Cia. Iberia con el itinerario Sao Paulo-Madrid-Ámsterdam-Sao Paulo, 2.015 dólares USA y 965 euros que financiaban el transporte de la referida sustancia».

Y, el fallo de la sentencia se pronuncia en los siguientes términos:

«Que debemos condenar y condenamos al acusado, Esteban , como responsable, en concepto de autor, de un delito contra la salud pública de sustancia que causa grave daño a la salud, ya definido, sin la concurrencia de circunstancias modificativas de la responsabilidad criminal, a la pena de cinco años de prisión, inhabilitación especial para el derecho de sufragio pasivo durante el tiempo de la condena, multa de 85.000 euros, con una responsabilidad personal subsidiaria de cinco días de privación de libertad en caso de impago y pago de costas.

Se declara el comiso de la sustancia estupefaciente, dinero y efectos intervenidos.

Se aprueba el auto de insolvencia consultado por el instructor.

No ha lugar a la sustitución de la pena de prisión impuesta a Esteban por su expulsión del territorio nacional.

Para el cumplimiento de la pena privativa de libertad se le abona todo el tiempo que lleva privado de libertad por esta causa».

Como se expone en el fallo, tampoco en esta ocasión se aprecia circunstancia modificativa alguna por el estado de necesidad ante el que actuó el sujeto activo que fue solicitada por la defensa, concretamente no se apreció la eximente incompleta de estado de necesidad «en atención a los serios problemas económicos que tenía para hacer frente al mantenimiento de sus cuatro hijos y a los gastos médico-quirúrgicos».

En esta resolución llama la atención la afirmación siguiente: «En consecuencia no se ha acreditado que en la esfera personal, profesional, familiar y social se hayan agotado todos los recursos o remedios existentes para solucionar el conflicto antes de proceder antijurídicamente. Finalmente, no cabe duda que cuando se llevan a cabo conductas como la aquí enjuiciada es por cuestiones económicas pero ello no permite apreciar la eximente incompleta de estado de necesidad, al no concurrir los requisitos básicos del estado de necesidad, según se ha expuesto». Respecto a la primera manifestación, una vez más se repiten las dificultades probatorias que se encuentran en este tipo de procedimientos y, en relación con la segunda, es el propio TS el que reconoce en este caso que, a pesar de la existencia de una necesidad económica, no se aprecia la eximente.

Otra sentencia destacable sobre los correos de la droga es la dictada por la AP de Madrid número 438/2008, de 23 de septiembre, Rec. 68/2008 cuyos hechos probados son los siguientes:

> «Se declara probado que el día 9.04.08, sobre las 6,00 horas, Luis Ángel , mayor de edad y sin antecedentes penales, llegó a la Aduana de la Terminal 4 del Aeropuerto de Barajas de Madrid, habiendo viajado en el vuelo NUM001 de la Compañía Air Senegal, procedente de Dakar, llevando en el interior de su organismo 63 cuerpos cilíndricos, que contenían cocaína prensada, en forma de polvo blanco, con un peso neto de 974,6 gramos, y una pureza del 68,8 por ciento, que estaba destinado al comercio hacía terceros, la cocaína intervenida vendida al por menor alcanzaría un precio medio de 81.598,76 euros».

Y falla lo siguiente:

> «Que debemos condenar y condenamos a Luis Ángel
> como autor responsable de un delito contra la salud pú-
> blica de sustancia que causa grave daño a la salud, a la
> pena de SEIS AÑOS de prisión y MULTA de 81.598,76
> EUROS, se le impone, además la pena accesoria de in-
> habilitación especial para el derecho de sufragio pasivo
> durante el tiempo de la condena y el pago de las costas
> procesales.
>
> Para el cumplimiento de la pena de prisión se le abo-
> nara el tiempo pasado en prisión preventiva.
>
> Se ordena el decomiso de la sustancia estupefacien-
> te intervenida cuando alcance firmeza esta resolución
> deberá procederse a su destrucción».

De nuevo se observa la inaplicación de circunstancia modificativa de la responsabilidad penal que exima
o atenúe la pena del sujeto activo. En este caso el
sujeto activo aludía al desconocimiento del contenido
de las bolas, puesto que sabía que era una sustancia
ilegal pero no cuál era el contenido concreto. También
declaró que lo hizo por necesidades familiares, pero
no fue probado en el plenario.

La sentencia también desestima la existencia de
una proporcionalidad entre los bienes jurídicos protegidos para resolver la aplicación o no de la eximente
de estado de necesidad. Concretamente, en atención
a lo analizado en el apartado de esta investigación
relativo al bien jurídico protegido del delito contra la
salud pública, expresa:

> «El mal a evitar no era otro que una supuesta situa-
> ción de grave dificultad económica en que se encontraba
> el acusado, para pagar la operación de su hijo, pero no
> cabe duda alguna que el tráfico de drogas como la cocaí-
> na con las que traficaba el acusado constituyen actual-
> mente uno de los males sociales más graves, en razón a
> las gravísimas consecuencias que su consumo ocasiona,

consecuencias que abarcan un amplio espectro, desde la ruina física, psíquica, económica y social del adicto, a la destrucción de relaciones familiares con el subsiguiente e inevitable sufrimiento que ello supone, sin olvidar la fuente inagotable de delincuencia con resultados siempre dramáticos y con frecuencia trágicos que tal tráfico genera. La desproporción entre los intereses enfrentados en el caso de autos se muestra tan evidente y abrumadora que no precisa de mayores comentarios para poner de manifiesto la primacía que ha de otorgarse a la salud colectiva sobre una particular situación de dificultad económica, que en ningún caso permitiría justificar una agresión a la salud de la comunidad de la gravedad y consecuencias como las que supone el consumo de sustancias tan nocivas como aquellas con las que traficaba la acusada».

2. Conclusiones y contención de la problemática

Los correos de la droga conforman un colectivo que se encuentra olvidado por parte de los tribunales españoles, lo cual se refleja en una carencia de la aplicación de las herramientas legales a pesar de su existencia en la normativa penal española, puesto que se puede advertir que no se están teniendo en cuenta las circunstancias personales y socioeconómicas de los países de los cuales en la mayoría de los casos provienen, como por ejemplo países de América Latina.

En las diferentes referencias jurisprudenciales comentadas en este capítulo, se puede observar la inaplicación de circunstancias modificativas de la responsabilidad criminal, a pesar de que se trata de un fenómeno delictivo alrededor del cual existen unas variables sociales y contextuales que deberían ser tenidas en cuenta.

Esta cuestión presenta dos causas principales, pues, por un lado, la persecución y criminalización a la que se enfrentan los pobres a través de la imposición de penas exacerbadas es una realidad conocida y, por otro lado, la persecución del tráfico de droga tanto a nivel internacional como nacional, sin respetar en muchas ocasiones el principio de proporcionalidad de las penas.

Existe una persecución latente del tráfico de drogas superior a la de otro tipo de delitos a pesar de su gravedad. Se observa así, no solo la dureza de las penas, sino que en las cárceles hay una gran representación porcentual de reclusos que han sido condenados por este tipo de delitos, a quienes se les han impuesto penas muy largas y, además, se observan bajas cifras de concesión de libertad condicional y la disminución en el número de medidas alternativas acordadas. Así, se puede afirmar que el tiempo medio de estancia en prisión en España es de los más altos de España[284]:

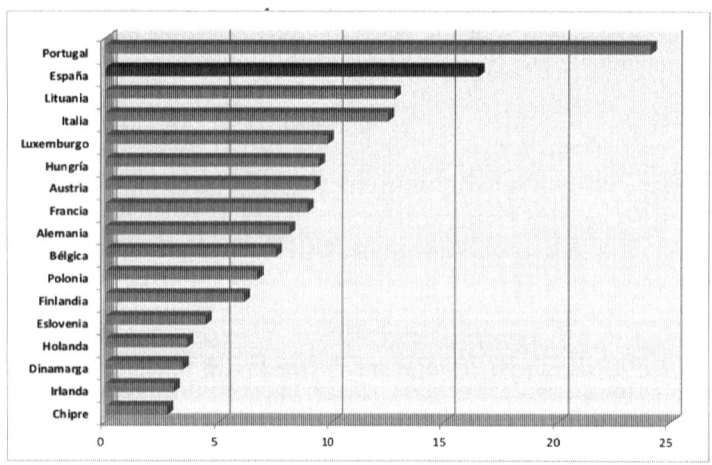

Figura 10: Media de permanencia en prisión por meses. Fuente: García Magna, D., «El recurso excesivo al Derecho penal en España. Realidad y alternativas», en *Política criminal*, vol. 14, núm. 27, 2019, p. 112.

---

284 García Magna, D., «El recurso excesivo al Derecho penal en España. Realidad y alternativas», en *Política criminal,* vol. 14, núm. 27, 2019, p. 111.

Por todo ello, se argumenta que todo lo expuesto con anterioridad deberá ser tenido en cuenta en futuros pronunciamientos judiciales sobre procedimientos en los cuales se encuentren acusados correos de la droga, puesto que tienen un potencial aplicativo de las circunstancias modificativas de la responsabilidad penal expuestas en el cuerpo de esta investigación.

CONCLUSIONES

A la luz de la investigación realizada, cuyos resultados han sido plasmados en este trabajo de investigación a través de un análisis de los principales aspectos victimológicos, sociales y penales, se presentan las siguientes conclusiones alcanzadas:

CONCLUSIÓN 1:
DE LA ESTIGMATIZACIÓN DE LOS CORREOS DE LA DROGA A TRAVÉS DE UNA TERMINOLOGÍA INADECUADA

– La utilización de una correcta terminología en todos los ámbitos, pero especialmente en el jurídico, deviene esencial, de forma que se pueda garantizar todo el entramado de derechos que tiene una persona pero, en el caso concreto que se trata en esta obra, para asegurar el derecho de defensa de una persona y la protección social de la misma.

– Para hacer referencia a los llamados «correos de la droga», se ha venido hablando tradicionalmente de «mulas», «burreras» o incluso, «vagineras». No obstante, se trata de unos vocablos peyorativos, que lejos de mencionarlos, lo que hace es estigmatizarlos. Es por ello, que dicha variedad terminológica, genera una gran cantidad de estereotipos y cargas ideológicas negativas alrededor del colectivo mencionado.

– Para evitar todos los indicadores planteados, es menester hacer un uso correcto de la terminología para aludir al colectivo. Es por ello que la forma correcta para dirigirse al mismo es «correos de la droga» y ha sido utilizado en esta obra.

CONCLUSIÓN 2:
DEL CONTENIDO DEL CONCEPTO «CORREOS DE LA DROGA»

– Los correos de la droga conforman un colectivo compuesto por aquellas personas que, a través de distintas modalidades de actuación, portan drogas de un lugar a otro, a modo de medio de transporte.

– Las modalidades a través de las cuales trasladan la droga son diversas, destacando la ingesta de drogas en su propio organismo, poniendo en riesgo su vida y su salud, la cual constituye la que conlleva mayor peligrosidad; la modalidad de introducidos, consistente en la introducción en los orificios naturales del cuerpo, principalmente las mujeres; la modalidad de adheridos, mediante el cual se adhieren la droga al cuerpo; y, por último, la modalidad del engaño. En esta última, se selección a la víctima mediante un acercamiento con la finalidad de engañarla para que haga el viaje y porte la droga de un lugar a otro, pero en este caso, la víctima no sabe que es droga el contenido del equipaje facilitado para que sea trasladado.

– La forma de actuar de los correos de la droga pone de manifiesto la peligrosidad que conlleva para ellos mismos, en tanto que, no solo ponen en riesgo su libertad enfrentándose a penas privativas de libertad, sino, sobre todo que su manera de proceder comporta un riesgo para su salud y vida debido a la peligrosidad intrínseca para aquellas.

– Por ello, es necesario analizar y mirar la problemática desde una dimensión que tenga presente la peligrosidad que en la mayoría de los casos lleva para dichas personas, además de la propia peligrosidad que puede haber entorno al conglomerado de las estructuras del tráfico de drogas.

CONCLUSIÓN 3:
DEL PERFIL DELICTIVO GENERAL DE LOS CORREOS DE LA DROGA

En relación con las características principales de las personas que conforman el colectivo en cuestión cabe destacar las siguientes:

a) Pobreza y vulnerabilidad: ha quedado constatado que la pobreza, vulnerabilidad social y desigualdad económica tienen una incidencia destacable en el perfil de personas que son correos de la droga en algún momento. Son estas situaciones socioeconómicas las que en muchas ocasiones llevan a una persona a inmiscuirse en el mundo del tráfico de drogas por necesidad, y, por buscar una salida a su tragedia social-personal. Incluso, hay muchas personas que tienen situaciones de extrema emergencia como puede ser la enfermedad terminal de un hijo o cualquier otro familiar y, para la obtención por una vía rápida, de medios económicos para hacer frente a la misma y poder acceder a los sistemas de salud, se ven involucrados en la delincuencia.

b) La mujer como sujeto principal: Aunque si bien es cierto que en esta actividad ilícita participan tanto hombres como mujeres, de todas las edades, cabe destacar que hay una mayor presencia de mujeres. En diversos ámbitos, también en

este, la mujer presenta una mayor vulnerabilidad frente al hombre por el mero hecho de ser
mujer. Esto, junto a que los correos de la droga
son el eslabón más visible del tráfico de droga, se
muestra una mayor debilidad de la mujer frente al
hombre dentro del tráfico de drogas. Es por ello,
que se debe atender a una perspectiva de género
para analizar la problemática y hacer frente a la
misma, de una manera preventiva, pero también
de respuesta social y asistencial, ya que se trata
de persona que cuando son detenidas en países
distintos al de procedencia, como es el caso de
España, se encuentran solas y desamparadas.

c) Víctimas sociales: por todo lo expuesto en el párrafo
inmediatamente anterior, los correos de la droga
son personas víctimas por sus propias circunstancias personales, de carácter principalmente socioeconómicas, las cuales reflejan una debilidad y desigualdad social. Es por ello que el pobre se presenta
como víctima social, sumándole la derivada estigmatización que hay entorno a la pobreza y exclusión social. Esto supone la necesidad de atender a
dichas circunstancias sociales en los procedimientos cuyos infractores son correos de la droga que
actúan por la pobreza y desigualdad social, en tanto
que son personas que tendrán una mayor propensión victimal que otra que no sea pobre.

CONCLUSIÓN 4:

DE LA SITUACIÓN EN AMÉRICA LATINA
ENTORNO A LOS CORREOS DE LA DROGA

– La realidad socioeconómica existente en los países
de América Latina, denota una necesidad latente en
muchas familias. Es por ello, que a modo de ejemplo, en este trabajo se ha hecho mención al caso co-

lombiano y al caso ecuatoriano con la finalidad de reflejar y concienciar sobre las causas principales por las que muchas personas correos de la droga que llegan a España proceden de dichos países.

- En Colombia se puede encontrar a una gran parte de la población viviendo en contextos de necesidad, precariedad y pobreza. Esta realidad socioeconómica responde al porqué de la existencia de un gran tráfico de personas dedicándose a trasladar drogas desde Colombia a países como España, es decir, es la precitada pobreza y situación de necesidad las que llevan en muchas ocasiones a muchas personas a verse involucradas en el tráfico de drogas.

- También se evidencia en Ecuador una situación socioeconómica desventajada que hace que muchas personas se vean inmersas en el tráfico de drogas. No obstante, cabe recalcar llegado este momento, que en este trabajo no se pretende justificar socialmente la delincuencia, pero sí encontrar una explicación a la misma en situaciones de necesidad. En el caso de Ecuador es tan latente la situación de los correos de la droga que incluso en su ordenamiento jurídico se llega a hablar del «indulto a las *mulas* del narcotráfico».

- En definitiva, tener presente las circunstancias de pobreza, precariedad y desigualdad social, se estima necesario para poder encontrar posibles soluciones a la problemática, no solo desde una perspectiva penal, sino también social.

CONCLUSIÓN 5:
DEL DELITO CONTRA LA SALUD PÚBLICA POR TRÁFICO DE DROGAS

- Los correos de la droga vienen siendo condenados por un delito de tráfico de drogas, cuya tipificación se encuentra en el art. 368 del CP, en tanto que la conducta llevada a cabo por los mismos se corresponde con la tipificada como delito en el precepto indicado.

- El delito contra la salud pública por tráfico de drogas tiene como bien jurídico protegido la salud pública, entendiendo que si no se respeta la salud comunitaria tampoco se respeta la individual de cada persona; pero también se protege con el delito la propia seguridad ciudadana.

- Indudablemente es la droga el objeto material de este delito, mencionando las «drogas tóxicas, estupefacientes o sustancias psicotrópicas».

- A pesar de la simpleza en el contenido del art. 368 del CP, se aprecia que en tres aparentes simples actos (cultivo, elaboración y tráfico), se envuelve prácticamente todo el conglomerado del tráfico de drogas, dejando poco espacio a penas proporcionales, en tanto que castiga a todos los infractores con duras penas.

- Lo anterior se debe a la persecución de las drogas y la falta de adecuación de las penas que se vienen imponiendo y a la inobservancia del principio de proporcionalidad de las penas. Por ello, en este trabajo se establece la necesidad de atender al precitado principio en aquellos tipos delictivos, como el delito contra la salud pública por tráfico de drogas, que no se viene apreciando en la práctica de los procedimientos relativos a correos de la droga.

CONCLUSIÓN 6:
DEL ESTADO DE NECESIDAD COMO EXIMENTE DE LA RESPONSABILIDAD CRIMINAL

- El estado de necesidad se encuentra regulado como una circunstancia modificativa de la responsabilidad penal, concretamente como una eximente, es decir, «está exento de la responsabilidad criminal el que obra en estado de necesidad», siempre que se den los requisitos exigidos que han sido expuestos en el cuerpo de este trabajo.

– No obstante lo anterior, en la práctica habitual no se viene apreciando por los tribunales españoles la eximente referida, enfrentándose los correos de la droga a duras penas de prisión, a pesar de que en muchos casos sí concurren las circunstancias exigidas.

– En este trabajo se argumenta la necesidad de estudiar las circunstancias personales y socioeconómicas de los sujetos activos con miras a lograr una sociedad más justa.

– De manera subsidiaria, para el caso de que no se aplique la eximente de estado de necesidad, por la falta de concurrencia de los requisitos exigidos, se expone la necesidad de apreciar lo siguiente:

a) Párrafo segundo del art. 368 CP: el párrafo indicado expone que los tribunales podrán atenuar la pena atendiendo a las circunstancias personales del culpable, así como a la escasa entidad del hecho. En cuanto a lo primero, en el caso de los correos de la droga, deviene indispensable analizar y atender a las circunstancias personales, puesto que en la mayoría de los casos, se trata de sujetos con difíciles circunstancias personales (sociales, familiares, económicas...), para la imposición de la pena.

b) Circunstancias que atenúan la responsabilidad criminal:

- Atenuante por falta de requisitos: el art. 21. 7.ª CP comienza exponiendo que será considerada causa atenuante alguna de las anteriores (es decir, la contempladas como eximentes en el art. 20 del CP) cuando no se cumplan algunos de los requisitos exigidos. En el caso de que el tribunal estime que no se cumplen todos los requisitos para aplicar la eximente referida, deberá estudiarse la posibilidad de atenuar la pena, aplicando una atenuante con base en el precepto indicado.

• La pena natural como atenuante de la responsabilidad penal: en esta obra se propone la aplicación de la pena natural como atenuante analógica en aquellos supuestos de correos de la droga cuando las circunstancias lo permitan, puesto que el precitado colectivo se conforma de personas cuya situación socioeconómica que se pretende evitar con el traslado de drogas y todas las consecuencias morales derivadas, así como los riesgos y posibles perjuicios para la salud y la vida a la que se exponen con la acción llevada a cabo ya se entiende como daño sufrido de una magnitud agravada, para así concederles una especie de «derecho de gracia».

c) Penas alternativas a la prisión: el tráfico de droga se enfrenta a duras penas de prisión para sus autores y en este trabajo se manifiesta la posibilidad de contemplar penas alternativas a la prisión en tanto que los correos de la droga, en la mayoría de los casos, actúan desde una necesidad absoluta y no deben conllevar un peligro para la sociedad por responder con otras penas diferentes a las privativas de libertad.

d) Ante todo ello, es necesaria la profesionalización de los operadores de justicia a través de cursos de formación y jornadas cuyo eje central sean los aspectos victimológicos, sociales y penales de la pobreza como estado de necesidad, además de analizar el colectivo de los correos de la droga para que se tengan en cuenta las circunstancias personales de los mismos, aplicando una especial sensibilidad hacia el colectivo.

CONCLUSIÓN 7:
DEL RECHAZO AL POBRE COMO MANIFESTACIÓN DE APOROFOBIA

– La jurisprudencia española refleja la inaplicación constante de la eximente de estado de necesidad en los casos de correos de la droga que, como se ha indicado en múltiples ocasiones en esta obra, debido a la importancia que se pretende demostrar. Tampoco se observa la aplicación, de manera subsidiaria, es decir, para el caso de que no se pueda aplicar la eximente, la aplicación de atenuante alguna, como sería el caso de la atenuante analógica.

– Las principales causas de la inaplicación referida son tres:

a) La persecución y establecimientos de duras penas en los casos de delitos contra la salud por tráfico de drogas, siendo los correos de la droga la punta del iceberg del fenómeno delictivo y, por ende, los sujetos más débiles de todo el entramado.

b) La aporofobia, es decir, el rechazo, discriminación y aversión a las personas pobres y desfavorecidas. En el caso de los correos de la droga, en los procedimientos en los que se ven inmersos, se puede observar en múltiples ocasiones una criminalización severa que, aunque se pueda presumir que proviene de la propia persecución extrema (en algunas ocasiones) del tráfico de drogas, también se puede mencionar que al pobre no solo se le olvida e invisibiliza, sino que también se la niega la ayuda285. Es por ello que se observa que las propias instituciones son generadoras de aporofobia, las cuales son en sí mismas aporófobas, lo cual se refleja en el olvido institucional del colectivo estudiado.

c) La dificultad probatoria que encuentran los abogados defensores de los correos de la droga por los motivos que han sido expuestos en el apartado correspondientes de este trabajo. Por ello, deviene necesario garantizar el derecho de defensa a través de la facilitación y concesión de plazos para que los acusados puedan conseguir por ejemplo toda la prueba documental necesaria a través de la solicitud a sus familiares.

– A la vista de lo analizado en este trabajo de investigación, se propone que las instituciones públicas encargadas diseñen políticas sociales que hagan posible la erradicación del fenómeno de los correos de la droga, poniendo el foco en las comunidades más pobres a través de una atención integral y efectiva al colectivo.

---

285   Mateo 25:29 dice: «Porque al que tiene, se le dará, y tendrá más; pero al que no tiene, aun lo que tiene le será quitado».

FUENTES CONSULTADAS

1. BIBLIOGRAFÍA

ABADÍA BARRERO, C. E., «Pobreza y desigualdades sociales: un debate obligatorio en salud oral», en *Acta bioethica,* vol. 12, núm. 1, 9-12.

ACALE SÁNCHEZ, M., «El género como factor condicionante de la victimización y de la criminalidad femenina», en *Papers. Revista de Sociología,* vol. 102, núm. 2, 2017, 231-259.

ALAVARDO ALVARDO, L.F., Y OCHOA MERINO, D.D., «La sobrepoblación carcelaria en el ecuador como causa de la vulneración de los derechos humanos de las personas privadas de la libertad», en *RECIAMUC*, VOL. *6*, Núm. 3, 2022, 250-259.

ALTIMIR, O., *Dimensión de la pobreza en América Latina,* Cuadernos de la CEPAL, 1979, p. 60.

ALVAR, J. y PÉCOUL, B., «Enfermedades de la pobreza, enfermedades tropicales desatendidas», en *Eu-topías,* vol. 7, 2014, 89-97.

ARTILES, A.M. y LOPE, A., «¿Sirve la formación para tener empleo?», en *Papers,* núm. 58, 1999, p. 39-73.

BARRAGÁN LÓPEZ, M., «Aporofobia: un contraste entre odio y ausencia de expresión», en MARTÍN-HERRERA, D., *La libertad de expresión desde un enfoque global y transversal en la era de los objetivos de desarrollo sostenible,* Aranzadi, Pamplona, 2022.

BARRAGÁN LÓPEZ, M., «La victimización de los inmigrantes sin hogar: una manifestación de aporofobia», en VARONA MARTÍNEZ, G., *Victimología y violencia: conectar con las víctimas,* Aranzadi, Pamplona, 2023, p. 201.

BARRAGÁN LÓPEZ, M., «La victimización y tratamiento penal de las personas sin hogar durante el confinamiento de la Covid-19 como expresión de aporofobia», en *Revista Electrónica de Estudios Penales y de la Seguridad,* núm. 11, 2022, 1-21.

BENGOA VALDÉS, A., «La metáfora de la guerra: frontera, cuerpo, sujeción. Análisis preliminar de las políticas criminales en materia de control de drogas en el caso de la región de Arica y Parinacota», en *Revista Izquierdas,* núm. 49, 2020, 2815-2839.

BENÍTEZ, G., SANTACRUZ OSPINA M.F., CUADROS VELOZA, L.W., GUERRERO CASTRO, J., ARANDIA GAITÁN, M., y DÍAZ CÁRDENAS, J.D., «Voces actuales en el fenómeno de pasantes de drogas ilícitas en Colombia», en *Revista Criminalidad,* Vol. 59, Núm. 3, Bogotá, 2017, 125-139.

BERLINGUER, G., «Determinantes sociales de las enfermedades», en *Revista Cubana de Salud Pública,* vol. 33, núm. 1, 2007, 1-15.

BOBADILLA BARRA, C., «La pena natural: fundamentos, límites y posible aplicación en el derecho chileno», en *Política Criminal,* vol. 11, núm. 22, 2016, 548-619.

BORJA JIMÉNEZ, E., «La terminación del delito», en *Anuario de Derecho penal y Ciencias penales,* vol. 48, núm. 1, 89-186.

BUSTOS RUBIO, M., *Aporofobia y delito. La discriminación socioeconómica como agravante (art. 22,4.ª CP),* Bosh Editor, Madrid, 2020, p. 30.

CABRERA CABRERA, P.J., «Exclusión social: contextos para un concepto», en *Revista de Treball Social,* núm. 180, 2007, 9-21.

CABRERA, P.J., Y RUBIO M.J., «Personas sin techo en Madrid: Diagnóstico y propuestas de actuación», en *Plan de atención integral a personas sin hogar en la Comunidad de Madrid,* 1-237.

CAL BARREDO, M.L. y MARTÍNEZ MONJE, P. M., «Barrios con privación y exclusión social. Estructura de oportunidades y aislamiento institucional», en *Zainak,* núm. 32, 2009, 877-896.

CARBONELL, M. y SÁNCHEZ GIL, R., «¿Qué es la constitucionalización del Derecho?», en Quid Iuris, núm. 15, 33-55.

CARMONA CUENCA, E., «El principio de igualdad material en la jurisprudencia del Tribunal Constitucional», en *Revista de Estudios Políticos (Nueva Época),* núm. 84, 1994, 265-285.

CARRILLO HERNÁNDEZ, E., «¿Vinculadas al narco?» Mujeres presas por delitos contra la salud, en *Desacatos,* núm. 38, 2012, 61-72.

CASANUEVA SANZ, I., «El delito de tráfico de drogas en el ordenamiento jurídico español. un repaso a algunas de las cuestiones más relevantes de la regulación penal actual», en Revista Derecho y Sociedad, núm. 56, 1-54.

CEREZO MIR, J., «Los delitos de peligro abstracto en el ámbito del Derecho Penal de riesgo», en *Revista de Derecho Penal y Criminología,* núm. 10, 2002, 47-72.

CERVELLÓ DONDERIS, V., «Mujer, prisión y no discriminación: del legado de concepción arenal a las reglas de Bangkok», en *Estudios Penales y criminológicos,* vol. 41, 2021, 551-591.

CHOCLÁN MONTALVO, J.A., «La pena natural», en *La Ley: Revista jurídica española de doctrina, jurisprudencia y bibliografía,* núm. 3, 1999, p. 1910.

CIGÜELA SOLA, J., *Crimen y castigo del excluido social. Sobre la ilegitimidad política de la pena,* Tirant lo Blanch, Valencia, 2019.

CLAVIJO SUNTURA, J.H., *La prevención de blanqueo de capitales. Un análisis teórico-práctico,* Bosh Editor, Barcelona, 2022.

CONTRERAS HERNÁNDEZ, P., «Maternidad encarcelada: análisis feminista de las consecuencias personales, familiares y sociales en mujeres privativas de libertad», en *Revista Temas Sociológicos,* núm. 22, 2018, 209-232.

CORTINA ORTS, A. y PEREIRA, D., *Pobreza y libertad. Erradicar la pobreza desde el enfoque de Amartya Sen,* Tecnos, Madrid, 2009,

CORTINA ORTS, A., *Aporofobia, el rechazo al pobre. Un desafío para la democracia,* Paidós Estado y Sociedad, Barcelona, 2017.

CORTINA ORTS, A., *Ética de la razón cordial. Educar en la ciudadanía en el siglo XXI,* Ediciones Nobel, Oviedo, 2009.

COTE-BARCO, G.E., «Constitucionalización del Derecho penal y proporcionalidad de la pena», en Universitas, núm. 116, 2008, 119-151.

COTE-BARCO, G.E., «Constitucionalización del Derecho penal y proporcionalidad de la pena», en Universitas, 2008, 31-43.

CRUZ GARCÍA, N., MORALES VÁZQUEZ, E. y RAMÍREZ RAMÍREZ, L.E., «Mujeres en prisión: una experiencia de sentido y de significado», en Revista de Ciencias Sociales y Humanidades, núm. 69, 2010, 67-85.

DE LA CUESTA, P.M., «Delitos de tráfico ilegal de personas, objetos o mercancías», en Revista de Derecho Penal y Criminología, núm. 9, 2013, 53-110.

DE MIGUEL CALVO, E., «Encarcelamiento de mujeres. El castigo penitenciario de la exclusión social y la desigualdad de género», en Revista de servicios sociales, núm. 56, 75-86.

DEFENSOR DEL PUEBLO, «Informes, estudios y documentos: Informe sobre asistencia jurídica a los extranjeros en España», en Publicaciones, Madrid, 2005, 1-451.

DOMÍNGUEZ MARTÍNEZ, J.M., «Tiempos de desigualdad: cuestiones básicas para el análisis económico», en Extoikos, núm. 13, 2014, 3-12.

ESQUIVIAS JARAMILLO, J.I., «La coautoría en el tráfico de drogas», en *CEFLEGAL revista práctica de Derecho,* núm. 11, 2001, 188-191.

FINOCCHIARO, E., «La pena natural. Breves consideraciones», en *Revista de derecho penal y criminología,* núm. 5, 2012, p. 68.

FRANCISCO SERRANO, M., «Los elementos constitutivos del concepto de pena natural», en *Política criminal,* vol. 17, núm. 34, 2022, 856-884.

FUENTES CUBILLOS, H., «El principio de proporcionalidad en Derecho penal. Algunas consideraciones acerca de su concretización de la pena», en Revista Ius et Praxis, núm. 2, 15-42.

GADDI, D., «Materiales para una conformidad restaurativa», en *Estudios Penales y Criminológicos,* 2020, 991-1041.

Gaitán, M., y Díaz Cárdenas, J.D., «Voces actuales en el fenómeno de pasantes de drogas ilícitas en Colombia», en *Revista Criminalidad,* Vol. 59, Núm. 3, Bogotá, 2017, 125-139.

GALEANO, E., *Patas arriba. La escuela del mundo al revés,* Catálogos, Buenos Aires, 2006, p. 5

GARCÍA HORTA, J.L., ZAPATA MARTELO, E., VALTIERRA PACHECO, E. y GARZA BUENO, L., «El microcrédito como estrategia para atenuar la pobreza de las mujeres, ¿cuál pobreza?», en *Estudios Fronterizos, nueva época*, vol. 15, núm. 30, 2014, 97-126.

GARZA BUENO, L., «El microcrédito como estrategia para atenuar la pobreza de las mujeres, ¿cuál pobreza?», en *Estudios Fronterizos, nueva época,* vol. 15, núm. 30, 2014, 97-126.

GARCÍA MAGNA, D., «El recurso excesivo al Derecho penal en España. Realidad y alternativas», en *Política criminal,* vol. 14, núm. 27, 2019, 98-121.

GARCÍA TOMA, V., «La dignidad humana y los derechos fundamentales», en *Derecho y Sociedad,* núm. 51, 13-31.

González, M.L., Orientaciones de lectura sobre vulnerabilidad social, en *Lecturas sobre vulnerabilidad y desigualdad social. Córdoba: Centro de Estudios Avanzados (UN Córdoba) CONICET,* 2009, 1-16.

GONZÁLEZ-CUÉLLA SERRANO, N., «El principio de proporcionalidad en el Derecho procesal español», en Cuadernos de Derecho Público, núm. 5, 1998, 191-215.

GUERRERO VELA, B., «El hacinamiento carcelario en Ecuador», en *Revista Caribeña de Ciencias Sociales,* núm. 9, 2020, 1-9.

HABERMAS, J., «El concepto de dignidad humana y la utopía realista de los derechos humanos», en *Diánoia,* Vol. 55, núm. 64, 2010, p. 5. (3-25)

HERRERA JARA, L.E., «Correos humanos: víctimas o partícipes», en *Revista Cathedra,* núm. 15, 2021, 26-52.

HOBBES, T., *El Leviatán*, 2.ª edición, SÁNCHEZ SARTO, M. (Trad.), Fondo de Cultura Económica, Argentina, 1980, p. 255.

JAKOBS, G., «El principio de culpabilidad», trad. CANCIO MELIA, M., en *Anuario de derecho penal y ciencias penales*, t. XLV, fascículo III, 1992, p. 1058.

KANT, I., *Principios metafísicos de la doctrina del derecho*, trad. CÓRDOVA, A., Universidad Nacional Autónoma de México, México, 1978, p. 167.

LAI, G., «Drogas, crimen y castigo», en *Serie reforma legislativa en materia de drogas,* núm. 20, 2012, 1-16.

LAPARRA, M. y PÉREZ, B., «La exclusión social en España: un espacio diverso y disperso en intensa transformación», en *Conclusiones del VI Informe sobre exclusión social y desarrollo social en España,* Fundación Foessa, Madrid, 2008, 53-88.

LOPERA MESA, G., «Proporcionalidad de las penas y principio de proporcionalidad en derecho penal», en **DE FAZIO, F.,** Principios y proporcionalidad revisitados, Instituto de Estudios Constitucionales del Estado de Querétaro, México, 2021, 349-369.

LÓPEZ JIMÉNEZ, J.M., «La desigualdad y la pobreza en el mundo: una realidad con varias *faces*», en *Extoikos,* núm. 13, 2014, p. 14. (13-16)

MANZANOS, C., BELTRÁN, E., SANTIESTEVE, P., DEL CURA, J., SÁNCHEZ, P. y CABRERA, P., *Políticas sociales para abolir la prisión,* IKUSBIDE, Vitoria, 2011.

MAPELLI CAFFARENA, B., HERRERA MORENO, M., y SORDI STOCK, B., «La exclusión de las excluidas. ¿Atiende el sistema penitenciario a las necesidades de género?: Una visión andaluza», en *Estudios Penales y Criminológicos,* vol. 33, 2013, 59-95.

MARTÍNEZ ESCAMILLA, M., «Pobreza, estado de necesidad y prevención general de los correos de la cocaína y el Tribunal Supremo español», en *Derecho Penal Contemporáneo: revista Internacional,* núm. 12, 2005, 5-52.

MARTÍNEZ TAPIA, R., *Igualdad y razonabilidad en la justicia constitucional española,* Universidad de Almería Servicio de Publicaciones, Madrid, 2000.

Mateos Ribas, N. y Martínez, A. Mujeres extranjeras en las cárceles españolas. *Sociedad y Economía*, núm. 5, 2003, 65-88.

Mateos Ribas, N. y Martínez, A. Mujeres extranjeras en las cárceles españolas. *Sociedad y Economía*, núm. 5, 2003, 65-88.

Melossi, D. y Pavarini, M., *Cárcel y fábrica. Los orígenes del sistema penitenciario (siglos XVI-XIX),* Siglo XXI editores, México, 1977.

Molina Pérez, T., «El elemento objetivo y subjetivo en el delito de tráfico de drogas», en *Anuario Jurídico y Económico Escurialense,* núm. 38, 2005, 93-116.

Morillas Fernández, D.L., Patró Hernández, R.M., y Aguilar Cárceles, M.M., *Victimología: un estudio sobre la víctima y los procesos de victimización,* Dykinson, Madrid, 2014.

Moriña Díez, A., *La exclusión social: análisis y propuestas para su prevención,* Estudios de progreso. Fundación alternativas, Madrid, 2007, pp. 13-16.

Morrillas Cueva, L., Sistema de Derecho Penal: Parte general. Fundamentos conceptuales y metodológicos del Derecho Penal. Ley Penal, Dykinson, Madrid, 2016.

Muñoz Conde, M., Derecho Penal. Parte Especial, Tirant lo Blanch, Valencia, 2023.

Nieto Martín, A., Muñoz De Morales Romero, M. y Rodríguez Yagüe, C., «Alternativas a la prisión: una evaluación sobre su impacto en la población penitenciaria española», en *Revista General de Derecho penal,* núm. 28, 2017, 1-100.

Núñez Medina, G., López Arévalo, J.A., y Jiménez Acevedo, H.M., «Pobreza, estructura familiar y cohesión social en municipios de Chiapas», en *ECONOMÍAunam,* vol. 13, núm. 22, 2016, 96-111.

Núñez Paz, M.A., y Guillén López, G., «Moderna revisión del delito de tráfico de drogas: estudio actual del art. 368 del Código Penal», en *Revista Penal,* núm. 22, 2008, 80-108.

Nuñovero Cisneros, L., «Víctimas y peones: el fenómeno migratorio y las dinámicas del crimen organizado», en *Revista Aequitas,* núm. 3, 2020, 61-72.

Ollé Sesé, M., «Aporofobia, culpabilidad y proceso penal», en *Congreso Internacional, APOROFOBIA Y DERECHO PENAL EN EL ESTADO SOCIAL,* Universidad Deusto, 2021.

Otto Thomasz, E., Castelao Caruana, M.A., Massot, J.M., Eriz, M., «Riesgo social: medición de la vulnerabilidad en grupos focalizados», en Cuadernos del CIMBAGE, núm. 16, 2014, 27-51.

PALADINES, J., «Cárcel y drogas en Ecuador: el castigo de los más débiles», en *Pensamiento Penal,* 2016, 1-55.

PARDO IRANZO, V., «Delitos de tráfico ilícito de drogas y problemas entorno a su prueba en España», en *Revista de Direito Penal e Processo Penal*, vol. 1, núm. 2, 2019, 94-109.

PASTOR SELLER, E., «Participación en contextos de indignación y exclusión social», en *I Congreso internacional de intervención psicosocial, arte social y arteterapia,* 2020, 1-12.

PAVÓN, L.A., BARRERO VIERA, L., BELAUNDE CLAUSELL, A., y RIVERO VÁZQUEZ, I., «Tratamiento médico del body packer o mulas de drogas», en *Revista Cubana de Medicina Militar*, vol. 52, núm. 1, 2023, 1-19.

PELLEGRINI FILHO, A., «La violencia y la salud pública», en Revista Panamericana de Salud Pública, núm. 5, 1999, 219-221.

PERELLO DOMENECH, I., «El principio de proporcionalidad y la jurisprudencia constitucional», en *Jueces para la Democracia,* núm. 28, 1997, 69-75.

PÉREZ ROYO, J., *Curso de Derecho Constitucional,* Marcial Pons, Madrid, 2010.

RICOEUR, P., *Lo justo 2,* Editorial Trotta, Madrid, 2001

RÓDENAS, Á., «En la penumbra: indeterminación, derrotabilidad y aplicación judicial de normas», en Repositorio Institucional de la Universidad de Alicante, núm. 24, 2001, 63-83.

RODRÍGUEZ MOLINA, J., «La pobreza como marginación y delitos», en *Gazeta de Antropología,* núm. 19, 2003, 1-31.

RODRÍGUEZ, F., «La pobreza como un proceso de violencia estructural», en *La pobreza como un proceso de violencia estructural,* vol. 10, núm. 1, 2004, 42-50.

ROJAS HERNÁNDEZ, M., «Sociedad civil y pobreza, Estado racional y justicia social. El problema de la pobreza en la filosofía del Derecho de Hegel», en *Revista Ratio Iuris,* vol. 14, núm. 28, 2019, 127-160.

ROJAS, I.Y., «La proporcionalidad de las penas», en Revista Jurídica, núm. 10, 2008, 275-286.

ROMEO CASABONA, C.M., «Sobre la estructura monista del dolo. Una visión crítica», en *Revista de Derecho y Ciencias Penales,* núm. 8, 2006, 67-84.

ROMERO, M. y AGUILERA, R.M., «¿Por qué delinquen las mujeres?» Perspectivas teóricas tradicionales. Parte I., *Salud mental,* Vol. 25, núm. 5, 2002, 10-22.

RUIZ MIGUEL, A., «Gracia y justicia: el lugar de la clemencia (en torno a la pena natural)», en *Indret,* núm. 2, 2018, 1-26.

RUÍZ RIVERA, N., «La definición y medición de la vulnerabilidad social. Un enfoque normativo», en *Investigaciones Geográficas, Boletín del Instituto de Geografía, UNAM,* núm. 77, 2012, 63-74.

SÁNCHEZ MADRID, N., «Hegel ante la pobreza: la economía de mercados y el derecho como fuerzas», en *Ética y Política,* vol. 21, núm. 2, 2019, 583-600.

SANZ MULAS, N., «Penas alternativas a la prisión», en *revista de la Asociación de Ciencias Penales de Costa Rica,* núm. 1, 2003, 27-44.

SERRATA, J., «Prueba indiciaria en el proceso penal: requisitos frente al principio de presunción de inocencia», en *Revista Dominicana de Ciencias Jurídicas,* núm. 5, 2017, 169-190.

SILVA SÁNCHEZ, J.M., «Los indeseados como enemigos. La exclusión de seres humanos del *status personae*», en *Revista Electrónica de Ciencia Penal y Criminología,* núm. 1, 2007, 1-17.

SILVA SÁNCHEZ, J.M., «Los indeseados como enemigos. La exclusión de seres humanos del *status personae*», *Revista Electrónica de Ciencia Penal y Criminología,* núm. 09-01, 2007, 1-18.

TERRADILLOS BASOCO, J.M., *La deriva jánica de la política criminal contemporánea,* Bosh Editor, Barcelona, 2020.

TIJOUX, M.E., «Cárceles para la tolerancia cero: clausura de pobres y seguridad de ciudadanos», en *Última década,* núm. 16, 2022, 175-187.

TORRES ANGARITA, A., *Drogas, cárcel y género en Ecuador: la experiencia de mujeres «mulas»,* Abya Yala, 2012.

TORRES ANGARITA, A., *Drogas, cárcel y género en Ecuador: la experiencia de mujeres «mulas»,* Abya Yala, 2012.

VIEWEG, K., «Pobreza y riqueza. Derecho de socorro y derecho de resistencia en Hegel», en *Estudios de Filosofía,* núm. 39, 2009, 137-152.

Vɪᴛᴇ Péʀᴇᴢ, M.A., «Estado, globalización y exclusión social», en *Política y cultura,* núm. 25, 2006, 9-26.

Wᴀᴄϙᴜᴀɴᴛ, L. *Castigar a los pobres. El gobierno neo-liberal de la inseguridad social.*, 2010, Gedisa, Barcelona.

Zɪꜰꜰᴇʀ, P., Lineamientos de la determinación de la pena, Editorial Ad-hoc, Buenos Aires,1996, p.143.

2. WEBGRAFÍA

ARRIERO, S., [20 de noviembre de 2024] https://sa-raarrieroespespenalista.blogspot.com/2015/03/subtipo-atenuado-del-trafico-de-drogas.html

EL PAÍS, [15 de julio de 2024] https://elpais.com/elpais/2017/12/08/planeta_futu-ro/1512739314_152646.html

EL PAÍS, [29 de octubre de 2024] https://elpais.com/espana/catalunya/2023-08-06/el-viaje-de-las-mulas-de-peru-a-espana-vienes-como-turista-y-a-los-cinco-dias-se-te-entrega-el-dinero.html#

EPE, [26 de noviembre de 2024] https://www.epe.es/es/igualdad/20220619/prision-discrimina-cion-mujer-desigualdad-13806265

EPE, [6 de junio de 2024] https://www.epe.es/es/reportajes/20230703/mulas-envases-huma-nos-narcotrafico-revienta-droga-89356935

FUNDEU, [8 de diciembre de 2024] https://www.fun-deu.es/recomendacion/aporofobia/

HOGAR SÍ, [31 de diciembre de 2024] https://hogarsi.
org/somos/

ICA MÁLAGA, [15 de agosto de 2024] https://www.ica-
malaga-blog.com/2012/07/la-situacion-de-la-in-
terpretacion.html

LA VOZ, [5 de agosto de 2024] https://www.lavoz.com.
ar/sucesos/mula-el-ultimo-eslabon-narco/ : «La utilización de mujeres como "mulas" parece ser una
modalidad extendida en el organigrama narco».

MINISTERIO DE SANIDAD, [24 de diciembre de 2024]
https://pnsd.sanidad.gob.es/ciudadanos/legisla-
cion/delitos/home.htm

NACIONES UNIDAS, [5 de junio de 2024] https://www.
un.org/es/victims-rights-first

MASLOW, A. *Pirámide de Maslow: La jerarquía de
las necesidades humanas*, 1943: PSICOLOGÍA Y
MENTE, [10 de octubre de 2024] https://psicolo-
giaymente.net/psicologia/piramide-de-maslow#!

RAE, [5 de junio de 2024] https://dle.rae.es/mulo

RAE, [9 de diciembre de 2024] https://dle.rae.es/apo-
rofobia

UNDP, [15 de diciembre de 2024] https://www.undp.org/es/sustainable-development-goals/hambre-cero

UNDP, [25 de noviembre de 2024] https://www.undp.org/es/sustainable-development-goals/fin-pobreza

3. LEGISLACIÓN Y OTROS

Acuerdo del Pleno no jurisdiccional del TS de 19 de octubre de 2001.

Carta de los Derechos Fundamentales de la Unión Europea (DO C 202 de 7.6.2016, pp. 389-405).

Convención única de 1961 sobre estupefacientes, enmendada por el Protocolo que modifica la Convención única de 1961 sobre estupefacientes. Nueva York, 8 de agosto de 1975.

Convenio sobre sustancias psicotrópicas Viena, 21 de febrero de 1971.

Declaración Universal de los Derechos Humanos *(217 [III] A)*. Asamblea General de la ONU. (1948). *Paris*.

Directiva 2010/64/UE del Parlamento Europeo y del Consejo, de 20 de octubre de 2010, relativa al derecho a interpretación y a traducción en los procesos penales.

Instrumento de ratificación de la Convención de las Naciones Unidas contra el tráfico ilícito de estupefacientes y sustancias sicotrópicas, hecha en Viena el 20 de diciembre de 1988.

Ley 10/2010, de 28 de abril, de prevención del blanqueo de capitales y de la financiación del terrorismo.

Ley 4/2015, de 27 de abril, del Estatuto de la víctima del delito, *Boletín Oficial del Estado,* núm. 101, de 28 de abril de 2015.

Ley Orgánica 10/1995, de 23 de noviembre, del Código Penal.

Ley Orgánica 4/2000, de 11 de enero, sobre derechos y libertades de los extranjeros en España y su integración social.

Ley Orgánica 4/2015, de 30 de marzo, de protección de la seguridad ciudadana.

Ley Orgánica 8/2021, de 4 de junio, de protección integral a la infancia y la adolescencia frente a la violencia.

Pacto Internacional de Derechos Civiles y Políticos. Adoptado y abierto a la firma, ratificación y adhesión por la Asamblea General en su resolución 2200 A (XXI), de 16 de diciembre de 1966.

Recommendation (2000) 22, Improving the implementation on the European rules on community sanctions and measures, 29 de noviembre 2000, apéndice 2, art. 3.

Recommendation (87) 18, Simplification of criminal justice, de 17 de septiembre de 1987, Epígrafe 1, art. A-6.

Recommendation (92) 16, European rules oncommunity sanctions and measures, 19 octubre 1992, art. 56.

Resolution (70) 1, Practical organisation of measures of the supervision and after-care of conditionally sentenced and conditionally released offenders, art. 1b.

Este libro fue terminado en Roma

el día 14 de enero de 2025, día de Santa Lourdes.